NEW YORK SWEETS

ROY FARES

University Pl.
Fifth
Irving

NEW YORK SWEETS

ROY FARES

FOTOS WOLFGANG KLEINSCHMIDT

CHRISTIAN

NEW YORK SWEETS

Es ist ja inzwischen hinlänglich bekannt, dass ich Gebäck aus den USA liebe. Die amerikanischen Konditoren sind Meister der Schüsseln und Schneebesen und produzieren wunderschöne üppige Backwerke.

Das ist mein zweites Buch über amerikanisches Gebäck. Die Inspiration für mein erstes Buch »United States of Cakes« kam von der amerikanischen Westküste, unter anderem aus Los Angeles. Das hat mir eine Weile gereicht. Bis ich New York entdeckte.

In den vergangenen Jahren ist New York zu meiner Lieblingsstadt geworden. Es ist schon ein tolles Gefühl, wenn das Flugzeug zur Landung ansetzt und ich kurze Zeit später mit dem Taxi auf dem Weg nach Manhattan bin. Das Ganze fühlt sich fast etwas unwirklich an – gelbe Taxis, Menschen, Wolkenkratzer und Tausende Eindrücke. An jedem Fußgängerübergang steht eine Menschenmenge und wartet auf das grüne Männchen. Wenn es dann grün wird, läuft man einfach mit dem Strom mit. So ist New York für mich: Man schwimmt mit dem Strom. Eine Stadt mit einem ganz eigenen, unglaublichen Puls, in der es Street hoch und Avenue runter jede Menge zu entdecken gibt. Es gibt einfach kein Ende.

Hier gibt es Platz für alles und jeden. Das gilt nicht zuletzt für Süßigkeiten aller Art, die man bei einem Rundgang durch die Stadt finden kann. Hier trifft Klassisches auf Trendiges und traditionell amerikanisches Backwerk auf Gebäck verschiedener Kulturen aus der ganzen Welt. Cookies, Cheesecakes und Doughnuts. Cronuts, Churros, Paletas und Zimtschnecken. Das habe ich versucht, in diesem Buch einzufangen. Es enthält Rezepte, die die Atmosphäre von New York widerspiegeln. Außerdem stelle ich meine absoluten Lieblingscafés vor. Das sind Diners, Eisbars, Cafés und Bäckereien, von denen ich hoffe, Sie haben einmal die Möglichkeit, sie zu besuchen. Es sind ganz einfach meine Sweet Spots. Von jedem Lieblingscafé habe ich mich zu Rezepten inspirieren lassen, die an die Backwerke dort erinnern.

Und auch wenn ich es sicherlich schon viele Male gesagt habe: Erhöhen Sie die angegebene Temperatur um 15–20 °C, wenn Sie keinen Umluftbackofen haben, und backen Sie genau nach den Gewichtsangaben in den Rezepten.

BROWNIE CHEESECAKE SWIRL

BIRTHDAY C

BLACK A

RED VELV

Baked

279 CHURCH STREET
359 VAN BRUNT STREET

Als ich das erste Mal in den USA war, habe ich mir das Buch »Baked« gekauft. Schon damals fand ich die Jungs, die das Buch geschrieben hatten, toll. Ihre Art und ihr Backstil erinnerten mich an mich selbst. Früher arbeiteten die beiden Freunde Matt Lewis und Renato Poliafito in der stressigen New Yorker Werbebranche. Sie veränderten die Identitäten von Unternehmen, kreierten neue Designs und Konzepte.

Vor zehn Jahren waren beide auf der Suche nach neuen Herausforderungen. So packten sie ihr Traumprojekt an: den Aufbau einer Bäckerei. Beide wohnten damals in der Gegend um Cobble Hill und Red Hook in Brooklyn. Zudem waren die Immobilienpreise im Industrie- und Hafengebiet in Red Hook niedrig und es fehlte in der Gegend an guten Bäckereien, es gab noch nicht viele Geschäfte und Restaurants. So war der Kauf eines Ladens dort eine natürliche Entscheidung für sie. Heute sind es dafür umso mehr und man kommt hierher, um umherzuschlendern, gut zu essen

HDAY CAKE • BIRTHDAY CAKE

RASPBERRY AND LEMON BUNDT CAKE • RASPBERRY AND LEMON BUNDT CAKE • RASPBERRY AND LEMON BUNDT CAKE

STICKY BUNS • STICKY BUNS

STICKY BUNS • STICKY BUNS • STICKY BUNS

COOKIES • BLACK AND WHITE COOKIES

PEANUT BUTTER AND JELLY BITES • PEANUT BUTTER AND JELLY BITES

CAKE CAKE • RED VELVET CHEESECAKE

RASPBERRY SWIRL CHEESECAKE • RASPBERRY SWIRL CHEESECAKE

DULCE DE LECHE CHEESECAKE • DULCE DE LECHE CHEESECAKE

RED VELVET CHEESECAKE CAKE • RED VELVET CHEESECAKE CAKE

TIRAMISU CAKE • TIRAMISU CAKE • TIRAMISU CAKE

BIRTHDAY CAKE • BIRTHDAY CAKE • BIRTHDAY CAKE Q BIRTHDAY CAKE • BIRTHDAY CAKE

BLACK AND WHITE COOKIES • BLACK AND WHITE COOKIES • BLACK AND WHITE COOKIES

RED VELVET CHEESECAKE CAKE • RED VELVET CHEESECAKE

PEANUT BUTTER AND JELLY BITES

RASPBERRY SWIRL CHEESECAKE

RASPBERRY AND LEMON BUNDT CAKE • RASPBERRY AND LEMON BUNDT CAKE • RASPBERRY AND LEMON BUNDT CAKE

TIRAMISU CAKE • TIRAMISU CAKE • TIRAMISU CAKE

RASPBERRY SWIRL CHEESECAKE • RASPBERRY SWIRL CHEESECAKE

STICKY BUNS • STICKY BUNS

DULCE DE LECHE CHEESECAKE • DULCE DE LECHE CHEESECAK

PEANUT BUTTER AND JELLY BITES

und dann mit der Metro oder dem Bus wieder nach Manhattan zu fahren.

Der Designer Matt hatte eine genaue Vorstellung von der Einrichtung der Bäckerei – er wollte Holzpaneele, Tierhörner aus Kunststoff an den Wänden und formschöne Verpackungen mit Keksen, Müsli und selbst gemachter Erdnussbutter.

Sie stellten Konditoren und Bäcker ein und überlegten mit ihnen, wie man eine neuartige, interessante Bäckerei schafft, mit Torten und Kuchen, für die New Yorker aus Manhattan bis nach Brooklyn fahren würden. Das Ergebnis war »Baked«. Der Geschmack und die Optik der Kuchen sind wirklich den Weg wert. Inzwischen gibt es ein weiteres »Baked« in Tribeca, Manhattan, genau unterhalb der Canal Street. Hier kann man Süßigkeiten, Torten, Kaffee, Sandwiches und Salate aus hochwertigen Produkten und mit tollem Geschmack genießen.

Ich habe Matt und Renato an einem warmen Maitag besucht, nach einer Inspirationsreise nach Japan. Zwei energiegeladene Männer, mit denen man sich über Gott und die Welt unterhalten konnte. In der Küche habe ich gesehen, wie sie ihren berühmten *Roasted Malt Chocolate Cake* mit perfektem Frosting und ihren *Cookie in a Brownie* herstellen. Und ich muss sagen: Zwei Jungs, die auf eine so brillante Idee kommen, brauchen nicht darüber nachzudenken, ob sie in die richtige Branche gewechselt sind.

BIRTHDAY CAKE

Die ultimative Geburtstagstorte! Bereiten Sie die Füllung am Vortag zu, damit sie richtig cremig wird. Um besonders gut vorbereitet zu sein, kann man auch die ganze Torte schon am Tag zuvor herstellen.

10–12 STÜCKE

HIMBEER-SCHOKOLADEN-CREME

200 g dunkle Schokolade (etwa 70 %)
45 g Zucker
60 g Eigelb (4 Stück, das Eiweiß für die Buttercreme auf der nächsten Seite verwenden)
200 g Schlagsahne
150 g Himbeerpüree (TK-Himbeeren aufgetaut, gemixt und durch ein feinmaschiges Sieb passiert)

TORTENBÖDEN

330 g Weizenmehl
410 g Zucker
120 g Kakaopulver
30 g Backpulver (2 EL)
10 g Vanillezucker (1 EL)
10 g Salz (1 ½ TL)
165 g zimmerwarme Eier (3 Stück)
350 ml zimmerwarme Milch (3 %)
200 ml Pflanzenöl
300 ml frischer warmer Kaffee

AUSSERDEM

Butter zum Einfetten
Mehl zum Mehlieren

Himbeer-Schokoladen-Creme Schokolade hacken und in einer Schüssel beiseitestellen. In einer anderen Schüssel Zucker und Eigelb verrühren. Schlagsahne und Himbeerpüree im Topf aufkochen und dann unter die Eimasse ziehen. Alles wieder in den Topf geben und bei geringer Temperatur unter ständigem Rühren erwärmen, bis die Masse beginnt, einzudicken.

Die Mischung in die Schüssel mit der Schokolade gießen. Einige Minuten stehen lassen und dann zu einer glatten Creme verrühren. Die Schüssel mit Frischhaltefolie abdecken und mindestens 4–5 Stunden in den Kühlschrank stellen.

Tortenböden Den Backofen auf 160 °C Umluft vorheizen. Drei Springformen (Ø 23–24 cm) mit Butter einfetten und mit Mehl bestauben, die Böden mit Backpapier auslegen.

Alle trockenen Zutaten mit dem Handmixer vermischen. Eier, Milch und Pflanzenöl leicht von Hand verrühren. Trockene Zutaten zur Eimasse geben und alles zu einem gleichmäßigen Teig verrühren. Zum Schluss den Kaffee (alternativ 300 ml Wasser) unterrühren.

Fortsetzung von Zutatenliste und Zubereitung auf der nächsten Seite ➡

BUTTERCREME
300 g Vollmilchschokolade
150 g Eiweiß (4 Stück)
220 g Zucker
1 Prise Salz
450 g zimmerwarme Butter

AUSSERDEM
Streusel zum Garnieren

Den Teig gleichmäßig auf die Formen verteilen und 25–30 Minuten auf der mittleren Schiene backen. (Haben nicht alle Formen Platz, kann eine später gebacken werden.) Mittels Stäbchenprobe prüfen, ob die Tortenböden durchgebacken sind.

Die Tortenböden vollständig abkühlen lassen, dann aus den Formen nehmen. Eventuell die Oberseite geradeschneiden. Dazu 30 Minuten vorher in den Tiefkühlschrank stellen.

Buttercreme Die Schokolade hacken, im Wasserbad schmelzen und lauwarm abkühlen lassen. In einer Schüssel Eiweiß, Zucker und Salz verrühren, in ein Wasserbad stellen und erwärmen, bis sich der Zucker aufgelöst hat, dabei ab und zu umrühren. Herausnehmen und mit der Küchenmaschine zu einer festen Baisermasse schlagen.

Die Butter unter ständigem Rühren in mehreren Portionen hineingeben und die Creme zu einer luftigen, glatten Masse schlagen. Ist sie zu flüssig, bis zur richtigen Konsistenz weiterschlagen. Die geschmolzene Schokolade einrühren. Ist die Creme noch nicht fest genug, eine Weile in den Kühlschrank stellen. Dabei von Zeit zu Zeit umrühren. Wird die Creme am Vortag hergestellt, über Nacht im Kühlschrank aufbewahren und einige Stunden vor der Verwendung herausnehmen.

Einen dünnen Buttercremering auf den Rand des ersten Bodens spritzen. Die innere Fläche mit Himbeer-Schokoladen-Creme füllen. Den zweiten Boden auflegen und den Vorgang wiederholen. Letzten Boden auflegen und die Torte gleichmäßig dünn mit Buttercreme bedecken.

Die Torte mindestens 30 Minuten in den Kühlschrank stellen. Herausnehmen, erneut mit Buttercreme bestreichen und wieder in den Kühlschrank stellen. Um eine glatte Torte zu erhalten, diesen Vorgang mehrmals wiederholen. Dabei immer nur eine dünne Schicht auftragen. Zum Schluss die Creme in einem Muster nach Wahl aufspritzen und mit Streuseln dekorieren. Die Torte 30 Minuten vor dem Servieren Zimmertemperatur annehmen lassen.

46
B

BLACK AN WHITE COOKIES

Ein Klassiker, den es in New Yorker Cafés häufig gibt. Diese Kekse, die in ihrer Konsistenz eher Rührkuchen gleichen, sind mit einer Vanille- und Schokoladenglasur verziert. Und hübsch sehen sie allemal aus.

ETWA 20 KEKSE

COOKIES

180 g Weizenmehl
5 g Vanillezucker (½ EL)
5 g Backpulver (1 TL)
100 g zimmerwarme Butter
90 g Zucker
55 g Ei (1 Stück)
Abrieb von 1 unbehandelten Zitrone
100 ml zimmerwarme Milch (3 %)

GLASUR

180 g Puderzucker
15 g Glukosesirup (½ EL)
3 g Vanillezucker (½ TL)
10 g Kakaopulver (2 EL)
eventuell etwas Kaffee

Cookies Den Backofen auf 160 °C Umluft vorheizen. Mehl, Vanillezucker und Backpulver in einer Schüssel verrühren. Butter und Zucker in einer anderen Schüssel luftig schlagen. Das Ei hinzufügen und ganz in den Teig einarbeiten. Trockene Zutaten und Zitronenabrieb hinzufügen. Langsam die Milch hineingießen und alles zu einem gleichmäßigen Teig verrühren.

Den Teig in einen Spritzbeutel füllen und Kreise von etwa 5 cm Durchmesser mit ausreichend Abstand auf ein mit Backpapier ausgelegtes Backblech spritzen.

Etwa 20 Minuten auf der mittleren Schiene backen, bis die Kekse leicht goldbraun sind. Vollständig abkühlen lassen.

Glasur Puderzucker, Glukosesirup und Vanillezucker vermengen. Tropfenweise 25 ml Wasser hinzufügen, bis die Glasur die richtige Konsistenz zum Verstreichen hat. Ist sie zu flüssig, etwas Puderzucker hinzufügen. Sollte sie zu dick sein, etwas mehr Wasser hinzugeben.

Etwa die Hälfte der Glasur in eine Schüssel geben und das Kakaopulver unterrühren. Bei Bedarf mit etwas Wasser oder Kaffee verdünnen.

Die Kekse umdrehen und die eine Hälfte mit Vanille- und die andere mit Schokoladenglasur bestreichen. Die Glasur trocknen lassen und die Kekse trocken aufbewahren. Sie halten sich maximal zwei Tage.

RASP
LEN

BERRY AND ON BUNDT CAKE

Ein wirklich leckerer und herrlich saftiger Kuchen. Er kommt ganz ohne Glasur aus. Aber für den Fall, dass Sie ihn dekorieren möchten, habe ich noch ein Rezept für eine Himbeerglasur hinzugefügt.

10–12 STÜCKE

KUCHEN

Butter zum Einfetten
240 g Weizenmehl + etwas zum Mehlieren
2 g Backpulver (¼ TL)
2 g Natron (¼ TL)
230 g zimmerwarme Butter
400 g Zucker
275 g zimmerwarme Eier (5 Stück)
Saft von 2 Zitronen
Abrieb von 1 unbehandelten Zitrone
15 frische Himbeeren

HIMBEERGLASUR

50 g Himbeerpüree (TK-Himbeeren aufgetaut, gemixt und durch ein feinmaschiges Sieb passiert)
25 ml Limettensaft (von ½–1 Limette)
180 g Puderzucker

Kuchen Den Backofen auf 165 °C Umluft vorheizen. Eine runde Kuchenform (Ø 24 cm, 8 cm tief) mit Butter einfetten und mit Mehl bestauben.

Mehl, Backpulver und Natron in eine Schüssel sieben. In einer anderen Schüssel Butter und Zucker weiß und schaumig rühren. Die Eier nacheinander unterschlagen und die trockenen Zutaten unterrühren. Zitronensaft und -abrieb hinzufügen und alles zu einem glatten Teig verrühren.

Den Teig in die Form geben. Die Himbeeren hineindrücken. Den Kuchen etwa 45 Minuten auf der mittleren Schiene backen und mittels Stäbchenprobe prüfen, ob er durchgebacken ist. 20 Minuten in der Form abkühlen lassen und dann auf ein Gitter stürzen. Vollständig abkühlen lassen.

Himbeerglasur Himbeerpüree, Limettensaft und Puderzucker bei geringer Temperatur leicht zu einer glatten Glasur verschlagen. Abkühlen lassen, bis sie zähflüssig ist.

Backpapier unter das Gitter mit dem Kuchen legen, die Glasur auf die Mitte geben und in einem schönen Muster herunterlaufen lassen. Trocknen lassen und servieren.

PEANUT BUTTER AND JELLY BIT

Der perfekte Leckerbissen für ein Picknick. Diese leckeren Energieriegel könnten Ihnen fast die Kraft für zwei New-York-Marathons geben. Erdnussbutter und Konfitüre isst man in den USA sonst oft auf Toastbrot.

ETWA 24 STÜCKE

STREUSELTEIG

150 g zimmerwarme Butter + etwas zum Einfetten
150 g brauner Zucker
200 g cremige Erdnussbutter
55 g Ei (1 Stück)
330 g Weizenmehl
5 g Backpulver (½ TL)
10 g Vanillezucker (1 EL)

FÜLLUNG UND TOPPING

400 g Erdbeerkonfitüre
50 g gesalzene Erdnüsse, grob gehackt

Den Backofen auf 180 °C Umluft vorheizen. Die Ränder einer Backform (20 × 30 cm) einfetten. Boden und Ränder mit Backpapier auskleiden. (Das Papier hält an den Rändern besser, wenn sie eingefettet sind.)

Butter, Zucker und Erdnussbutter zu einem cremigen Teig verrühren. Das Ei hinzufügen und ganz in den Teig einarbeiten. Die trockenen Zutaten unterheben und alles mit den Fingerspitzen leicht zu einem Streuselteig verkneten.

Die Hälfte des Teigs gleichmäßig in der Form verteilen und die Oberfläche glatt klopfen. Konfitüre darauf verteilen, mit dem restlichen Teig bestreuen und Erdnüsse daraufstreuen. 20–25 Minuten auf der mittleren Schiene goldbraun backen. Abkühlen lassen, in Rechtecke schneiden und trocken lagern.

ES

R
C

ED VELVET EESECAKE

Ich liebe Red Velvet und ich liebe Cheesecake. Da habe ich mir gedacht: warum nicht beides zu einer Torte kombinieren? Diese Torte lässt sich sehr gut einen oder zwei Tage vorher vorbereiten und im Kühlschrank aufbewahren. Sie schmeckt einfach umwerfend – I just love it!

10–12 STÜCKE

TORTENBÖDEN

Butter zum Einfetten
270 g Weizenmehl + etwas zum Mehlieren
380 g Zucker
5 g Backpulver (1 TL)
5 g Natron (1 TL)
10 g Vanillezucker (1 EL)
6 g Salz (1 TL)
20 g Kakaopulver (2 EL)
250 ml Pflanzenöl
110 g Eier (2 Stück)
250 ml Sauermilch
50 ml rote Lebensmittelfarbe
100 ml frischer warmer Kaffee

Tortenböden Den Backofen auf 160 °C Umluft vorheizen. Zwei Springformen (Ø 24 cm) einfetten und mit Mehl bestauben, die Böden mit Backpapier auslegen.

Mehl, Zucker, Backpulver, Natron, Vanillezucker, Salz und Kakaopulver vermischen. Pflanzenöl, Ei und Sauermilch leicht verrühren. Trockene Zutaten zur Ölmischung geben und den Teig mit der roten Lebensmittelfarbe färben. Dann noch den warmen Kaffee (alternativ Wasser) unterrühren.

Den Teig gleichmäßig auf die Formen verteilen und beide auf der mittleren Schiene 30–35 Minuten backen. Mit der Stäbchenprobe testen, ob die Tortenböden durchgebacken sind. Dann in den Formen vollständig abkühlen lassen.

Fortsetzung von Zutatenliste und Zubereitung auf der nächsten Seite ➔

CHEESECAKE-FÜLLUNG

600 g zimmerwarmer Frischkäse
170 g Zucker
10 g Vanillezucker (1 EL)
20 g Weizenmehl (2 EL)
150 g zimmerwarmer Sauerrahm
165 g zimmerwarme Eier (3 Stück)
15 g zimmerwarmes Eigelb (1 Stück)

BUTTERCREME

150 g Eiweiß (5 Stück)
220 g Zucker
1 Prise Salz
450 g zimmerwarme Butter

Cheesecake-Füllung Den Backofen auf 200 °C Umluft vorheizen. Frischkäse, Zucker, Vanillezucker und Mehl 3–4 Minuten schaumig schlagen. Vorsichtig mit einem Teigschaber den Sauerrahm, die Eier sowie das Eigelb unterheben.

Den Teig in eine der Formen auf den Tortenboden geben und 5 Minuten auf der mittleren Schiene backen. Temperatur auf 110 °C reduzieren (Ofentür nicht öffnen) und weitere 40 Minuten backen. Backofen ausschalten und den Cheesecake noch einmal 30 Minuten in der Nachwärme stehen lassen.

Die Form aus dem Ofen nehmen und den Kuchen mit einem dünnen Messer am Rand lösen. Dann abkühlen lassen und den Cheesecake mindestens 6 Stunden, am besten über Nacht, in den Kühlschrank stellen.

Buttercreme In einer Schüssel Eiweiß, Zucker und Salz verrühren. In einem Wasserbad erwärmen, bis sich die Zuckerkristalle aufgelöst haben. Ab und zu umrühren. Aus dem Wasserbad nehmen und zu einer festen Baisermasse aufschlagen.

Die Butter langsam und portionsweise unter ständigem Rühren hineingeben und die Creme zu einer luftigen, glatten Masse schlagen. Ist sie zu flüssig, schnell bis zur richtigen Konsistenz weiterschlagen.

Den Tortenboden mit der Füllung auf eine Kuchenplatte stellen und mit dem anderen Boden abdecken (bei Bedarf die Oberseite des zweiten Bodens glätten).

Die Torte gleichmäßig dünn mit Buttercreme bestreichen und mindestens 30 Minuten in den Kühlschrank stellen. Herausnehmen, erneut bestreichen und wieder in den Kühlschrank stellen. Dieser Vorgang muss mehrmals wiederholt werden. Dabei ist es wichtig, immer nur eine dünne Schicht aufzutragen.

Mit aufgespritzter Buttercreme dekorieren. 30 Minuten vor dem Servieren Zimmertemperatur annehmen lassen.

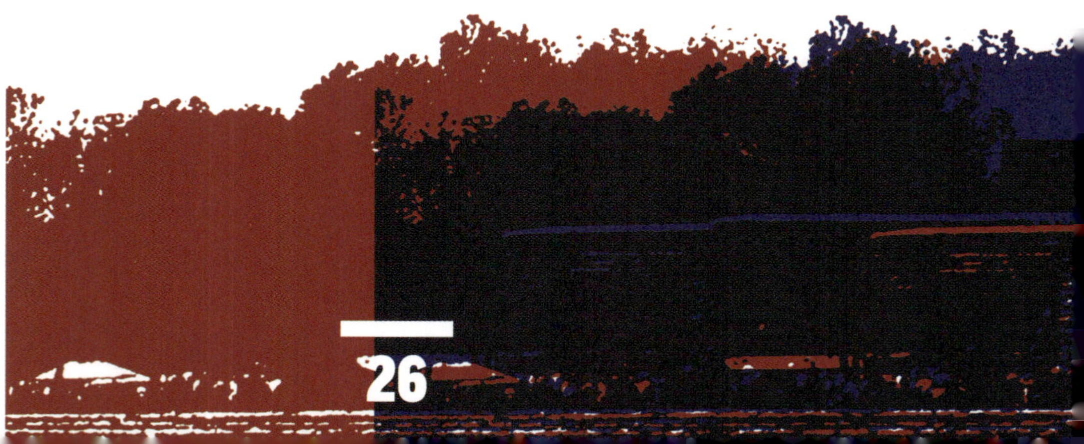

27

STICKY BUNS

Zimtschnecken in allen Ehren – aber die hier gehören zum Besten, das ich je gegessen habe. Dazu trägt vor allem die himmlische Glasur bei. Sticky Buns werden sicher auch Ihre Lieblingsteilchen.

ETWA 20 SCHNECKEN

TEIG

200 ml Milch (3 %)
25 g Hefe
420 g Weizenmehl
3 g Salz (½ TL)
5 g gemahlener Kardamom (1 TL)
70 g Zucker
100 g zimmerwarme Butter

FÜLLUNG

120 g zimmerwarme Butter
30 g Zucker (3 EL)
30 g brauner Zucker (2 ½ EL)
10 g Zimt (3 TL)

GLASUR

70 g brauner Zucker
60 g Zucker
20 ml dunkler Sirup (1 EL)
150 g zimmerwarme Butter

AUSSERDEM

Butter zum Einfetten
Mehl zum Mehlieren

Teig Die Milch in einem Topf lauwarm erhitzen. Die Hefe in die Schale einer Küchenmaschine krümeln, dann die Milch und die übrigen Zutaten hinzufügen. Den Teig mit einem Knethaken 5 Minuten bei niedriger Geschwindigkeit durcharbeiten, danach die Geschwindigkeit etwas erhöhen, bis der Teig glänzend und elastisch ist. Den Teig auf ein bemehltes Brett legen, mit einem Küchentuch abdecken und 30 Minuten an einem warmen Ort gehen lassen.

Füllung Alle Zutaten zu einer glatten Masse verrühren.

Glasur Alle Zutaten zu einer glatten Masse verrühren.

Bei zwei Muffinblechen die Ränder der Vertiefungen einfetten und die Glasur gleichmäßig auf den Boden jeder Form spritzen. Den Teig auf einer bemehlten Arbeitsfläche zu einem Rechteck von etwa 70 × 23 cm Kantenlänge ausrollen. Die Füllung daraufstreichen und den Teig zu einer Rolle aufrollen.

Die Rolle in 20 gleich große Teile schneiden, diese in die Muffinformen legen und leicht andrücken. 1 ½–2 Stunden abgedeckt gehen lassen.

Den Backofen auf 180 °C Umluft vorheizen. Die Schnecken etwa 9 Minuten auf der mittleren Schiene goldbraun backen. Die Kuchen auf ein Gitter stürzen (dazu die Bleche umdrehen). Etwas abkühlen lassen und lauwarm genießen.

TIRAMISU

Tiramisu ist eines meiner Lieblingsdesserts. Die Kombination aus Mascarpone, Kaffee und Marsalawein ist unschlagbar. Aber dann habe ich gedacht: Vielleicht kann man daraus auch eine Torte machen ...

10–12 STÜCKE

TORTENBÖDEN

90 g Weizenmehl
120 g Kartoffelstärke
7 g Backpulver (1 ½ TL)
330 g Eier (6 Stück)
250 g Zucker

FÜLLUNG

150 g Schlagsahne
30 g Eigelb (2 Stück)
45 g Zucker
250 g Mascarpone

BUTTERCREME

150 g Eiweiß (4–5 Stück)
220 g Zucker
1 Prise Salz
400 g zimmerwarme Butter

ZUM BEFEUCHTEN

250 ml warmer starker Kaffee
85 g Zucker
25 ml Marsalawein (2 EL)

TOPPING

250 g Mascarpone
60 g Puderzucker
150 g Schlagsahne
Kakaopulver zum Bestauben

AUSSERDEM

Butter zum Einfetten
Mehl zum Mehlieren

Tortenböden Den Backofen auf 200 °C Umluft vorheizen. Die Ränder von zwei Springformen (Ø etwa 22 cm) einfetten und mit Mehl bestauben, die Böden mit Backpapier auslegen.

Mehl, Kartoffelstärke und Backpulver in eine Schüssel sieben. Eier und Zucker in einem Topf verschlagen, bis alles fingerwarm ist und sich der Zucker aufgelöst hat. In eine Schüssel geben und mindestens 8 Minuten mit dem Handmixer mixen. Mehlmischung hineinsieben und alles vorsichtig mit einem Teigschaber zu einem glatten Teig verrühren.

Den Teig gleichmäßig auf die Formen verteilen und auf der mittleren Schiene 20–25 Minuten backen. Mittels Stäbchenprobe prüfen, ob die Böden durchgebacken sind. Aus dem Ofen nehmen und einige Minuten stehen lassen. Auf ein mit Backpapier belegtes Blech stürzen, abkühlen lassen und die Ränder lösen. Jeden Kuchen in zwei gleich große Tortenböden teilen.

Füllung Sahne steif schlagen. Eigelb und Zucker vermischen, Mascarpone hinzufügen und zu einem luftigen Teig schlagen. Schlagsahne dazugeben und alles zu einer festen Creme verrühren. Mindestens 30 Minuten in den Kühlschrank stellen.

Buttercreme Eiweiß, Zucker und Salz in einer Schüssel im Wasserbad erwärmen, bis sich die Zuckerkristalle aufgelöst haben. Dabei immer wieder umrühren.

Herausnehmen und die Masse zu festem Baiser schlagen. Die Butter unter ständigem Rühren hineingeben und alles zu einer luftigen, glatten Masse schlagen. Ist die Creme zu flüssig, bis zur richtigen Konsistenz schnell weiterschlagen.

Zum Befeuchten Kaffee und Zucker vermischen und mit Marsalawein abschmecken. Abkühlen lassen.

Topping Mascarpone und Puderzucker verrühren, Schlagsahne hineingeben und alles zu einer festen Creme mixen.

Einen Boden auf eine Platte legen, dünn mit Flüssigkeit bestreichen und etwas einziehen lassen. Einen dünnen Ring Creme am Rand des Bodens entlangspritzen und die Füllung darin verstreichen. Mit zwei weiteren Böden wiederholen.

Letzten Tortenboden auflegen. Torte leicht mit Creme bestreichen. Mindestens 30 Minuten in den Kühlschrank stellen. Torte erneut mit Creme bestreichen. Wiederholen, bis die Torte eine glatte Oberfläche hat. Topping aufspritzen und mit Kakao bestauben.

CAKE

PCT
POLICE

BIKE LANE
STOP

RASPBERRY SWIRL CHEESECAKE

DULCE DE LECHE
CHEESECAKE

DULCE DE LECHE CHEESECAKE

Dulce de Leche bedeutet gesüßte Milch. Sie wird sehr häufig in Lateinamerika verwendet und schmeckt einfach köstlich. Heutzutage gibt es sie fertig in der Dose zu kaufen, was für dieses Rezept die beste Wahl ist, da so die richtige Konsistenz für die Füllung gewährleistet ist.

10–12 STÜCKE

BODEN

100 g Butter
200 g Vollkornkekse (etwa 14 Stück)
30 g Zucker (2 EL)
10 g Kakaopulver (1 ½ EL)
3 g Salz (½ TL)

FÜLLUNG

900 g zimmerwarmer Frischkäse
140 g Zucker
30 g Weizenmehl
3 g Salz (½ TL)
450 ml zimmerwarme Dulce de Leche
100 g zimmerwarmer Sauerrahm
30 ml Ahornsirup (2 EL)
50 g zimmerwarme Schlagsahne
165 g zimmerwarme Eier (3 Stück)
30 g zimmerwarmes Eigelb (2 Stück)
etwas Fleur de Sel zum Bestreuen

AUSSERDEM

Butter zum Einfetten
Mehl zum Mehlieren

Boden Den Backofen auf 200 °C Umluft vorheizen. Eine Springform (Ø 24 cm) einfetten und die Ränder leicht mit Mehl bestauben. Den Boden mit Backpapier belegen.

Die Butter schmelzen. Die Kekse fein zerkleinern. Zucker, Kakaopulver und Salz hinzufügen und alles vermischen. Die Butter sorgfältig unterrühren.

Die Mischung gleichmäßig auf dem Boden der Form verstreichen und die Oberfläche leicht glatt drücken. Auf der mittleren Schiene 8–10 Minuten backen. Ganz abkühlen lassen.

Füllung Den Backofen auf 200 °C Umluft vorheizen. Frischkäse, Zucker, Mehl und Salz 3–4 Minuten schaumig schlagen. 250 ml Dulce de Leche unterrühren. Sauerrahm, Ahornsirup und Schlagsahne vorsichtig unterheben. Nach und nach die Eier und das Eigelb unterrühren.

Die Füllung in die Form geben und 10 Minuten auf der mittleren Schiene backen. Die Temperatur auf 120 °C reduzieren (Ofentür nicht öffnen) und weitere 45 Minuten backen. Den Ofen ausschalten und den Cheesecake nochmals 50 Minuten in der Nachwärme stehen lassen.

Abkühlen lassen. Den Cheesecake mindestens 6 Stunden, am besten über Nacht, in den Kühlschrank stellen.

Mit etwa 200 ml Dulche de Leche bestreichen und etwas Fleur de Sel darüberstreuen.

RASPBERRY SWIRL CHEESECAKE

Weiße Schokolade und Himbeeren sind ein wirklich tolles Paar. Die Süße der Schokolade und die frische Säure der Himbeeren machen es unmöglich, nichts davon zu essen. Außerdem sieht er toll aus. Verwöhnen Sie sich selbst mit einem Raspberry Swirl Cheesecake!

10–12 STÜCKE

BODEN

100 g Butter
200 g Vollkornkekse (etwa 14 Stück)
30 g Zucker (2 EL)
10 g Vanillezucker (1 EL)

HIMBEERCREME

250 g Himbeerpüree (TK-Himbeeren aufgetaut, gemixt und durch ein feinmaschiges Sieb passiert)
45 g Zucker
Saft von 1 Limette
25 g Maisstärke

FÜLLUNG

200 g weiße Schokolade
900 g zimmerwarmer Frischkäse
180 g Zucker
30 g Weizenmehl
5 g Vanillezucker (½ EL)
250 g zimmerwarmer Sauerrahm
165 g zimmerwarme Eier (3 Stück)
30 g zimmerwarmes Eigelb (2 Stück)

AUSSERDEM

Butter zum Einfetten
Mehl zum Mehlieren

Boden Den Backofen auf 200 °C Umluft vorheizen. Eine Springform (Ø 24 cm) einfetten und die Ränder leicht mit Mehl bestauben. Den Boden mit Backpapier belegen.

Die Butter in einem Topf schmelzen. Die Kekse fein zerkleinern. Zucker und Vanillezucker hinzufügen und alles vermischen. Die Butter sorgfältig unterrühren.

Die Mischung gleichmäßig auf dem Boden der Form verstreichen. Die Oberfläche leicht glatt drücken und auf der mittleren Schiene 8–10 Minuten backen. Abkühlen lassen.

Himbeercreme Himbeerpüree, Zucker, Limettensaft und 50 ml Wasser in einem Topf verrühren und aufkochen lassen.

Maisstärke mit 25 ml Wasser verrühren. Die Himbeermischung erneut aufkochen, die Maisstärke unterrühren und alles unter ständigem Rühren 2–3 Minuten zu einer Creme kochen. In einer Schüssel vollständig abkühlen lassen.

Füllung Den Backofen auf 200 °C Umluft vorheizen. Die Schokolade vorsichtig im Wasserbad schmelzen. Frischkäse, Zucker, Mehl und Vanillezucker 3–4 Minuten schaumig schlagen. Sauerrahm, Eier und Eigelb unterheben. Dann die weiße Schokolade einrühren.

Die Hälfte der Füllung in die Form gießen, den größten Teil der Himbeercreme in mehreren Klecksen daraufgeben und mit der restlichen Füllung bedecken. Restliche Himbeercreme in Klecksen auf die Torte geben und mit einem Löffelstiel ein Muster in die Füllung ziehen.

Etwa 8 Minuten auf der mittleren Schiene backen. Die Temperatur auf 120 °C reduzieren (Ofentür nicht öffnen) und weitere 45 Minuten backen. Den Ofen ausschalten und den Cheesecake nochmals 50 Minuten in der Nachwärme stehen lassen. Abkühlen lassen. Den Cheesecake mindestens 6 Stunden, am besten über Nacht, in den Kühlschrank stellen.

CLASSIC DOUGHNUTS

BLUEBERRY

Dough

448 LAFAYETTE AVENUE
W 14TH STREET/19TH STREET (5TH AVENUE, FLATIRON)

Als Doughnut-Fan Fany Gerson 2010 ihre kleine Doughnut-Bäckerei in Bedford-Stuyvesant eröffnete, konnte sie noch nicht ahnen, dass sie damit einen Doughnut-Boom in Gang setzen würde. Bald pilgerten immer mehr New Yorker in die kleine Bäckerei, um die lockeren, perfekt frittierten Doughnuts mit wahnsinnig guten Glasuren und Toppings, wie Hibiskus, Dulce de Leche, Kokos und Schokolade, zu genießen.

Ich muss gestehen, dass ich vor meinem Besuch bei »Dough« gar nicht genau wusste, wie ein guter Doughnut schmecken muss. Und ich hatte schon viele Doughnuts gegessen. Diese hier waren genau richtig – außen knusprig, innen weich und locker.

Heute muss man nicht bis nach Brooklyn fahren, um die fantastischen Doughnuts von Fany zu probieren. Man findet sie nämlich in vielen kleinen Cafés in Manhattan und seit einiger Zeit auch in der neuen Bäckerei im Flatiron District. Wenn Sie in New York sind, probieren Sie die Doughnuts vom »Dough«!

BLUEBERRY DOUGHNUTS
CLASSIC DOUGHNUTS
OATMEAL DOUGHNUTS
OATMEAL DOUGHNUTS • OATMEAL DOUGHNUTS • OATMEAL DOUGHNUTS • OATMEAL DOUGHNUTS
CARROT CAKE DOUGHNUTS
CARROT CAKE DOUGHNUTS
BLUEBERRY DOUGHNUTS • BLUEBERRY DOUGHNUTS
CLASSIC DOUGHNUTS • CLASSIC DOUGHNUTS
DOUGH
OATMEAL DOUGHNUTS • OATMEAL DOUGHNUTS
CLASSIC DOUGHNUTS • CLASSIC DOUGHNUTS
BLUEBERRY DOUGHNUTS • BLUEBERRY DOUGHNUTS
CHOCOLATE w/ COCOA NIPS
HIBISCUS
PASSION FRUIT

CLASSIC DOUGHNUTS • CLASSIC DOUGHNUTS
CARROT CAKE DOUGHNUTS • CARROT CAKE DOUGHNUTS
CARROT CAKE DOUGHNUTS • CARROT CAKE
BLUEBERRY DOUGHNUTS
CARROT CAKE DOUGHNUTS
BLUEBERRY DOUGHNUTS • BLUEBERRY DOUGHNUTS • BLUEBERRY DOUGHNUTS • BLUEBERRY DOUGHNUTS
OATMEAL DOUGHNUTS • OATMEAL DOUGHNUTS OATMEAL DOUGHNUTS • OATMEAL DOUGHNUTS
BLUEBERRY DOUGHNUTS • BLUEBERRY DOUGHNUTS
OATMEAL DOUGHNUTS • OATMEAL DOUGHNUTS
CARROT CAKE DOUGHNUTS • CARROT CAKE DOUGHNUTS • CARROT CAKE
BLUEBERRY DOUGHNUTS

Doughnut Plant

379 GRAND STREET • 220 WEST 23RD STREET
245 FLATBUSH AVENUE • FALCHI BUILDING, 31-00 47TH AVENUE

Man kann nicht über Doughnuts und New York schreiben, ohne »Doughnut Plant« zu erwähnen. Ein tolles Café, das nicht ganz zentral in der Lower East Side liegt (jetzt aber auch mehrere Filialen in New York hat). Hier sorgt seit 1994 Mark Isreal dafür, dass dieses im Grunde einfache Gebäck ständig erneuert wird – im Geschmack und in der Form. Hier gibt es keine Grenzen dafür, was man mit einem Doughnut machen kann. So finden sich auf der Speisekarte unter anderem geröstete Kastanie, Crème brûlée, Kürbis, Erdnussbutter, Banane und Kaffee als Geschmacksrichtungen. Außerdem gibt es die Doughnuts in allen Größen und Formen, sogar viereckig. Besonders gut hat mir der *Carrot Cake Doughnut* geschmeckt, den ich in meiner Version in dieses Buch aufgenommen habe.

Sind Sie neugierig, was sich ein Doughnut-Entwickler so alles ausdenkt? Dann besuchen Sie »Doughnut Plant«. Ich bin mir sicher, Sie werden nicht enttäuscht.

D

CLASSIC DOUGHNUTS

Die Glasur lässt sich geschmacklich variieren, indem das Wasser durch den Saft verschiedener Früchte ersetzt wird, zum Beispiel Zitrone, Orange, Himbeere und Maracuja. Oder färben Sie sie mit Lebensmittelfarbe. Zum Schluss können die Doughnuts mit Streuseln, Mandelsplittern oder anderen Toppings bestreut werden.

ETWA 20 DOUGHNUTS

DOUGHNUTS

250 ml Milch (3 %)
30 g Hefe
90 g Zucker
18 g Vanillezucker (2 EL)
5 g Backpulver (1 TL)
7 g Salz (1 TL)
120 g zimmerwarme Butter
110 g Eier (2 Stück)
660 g Weizenmehl
1 ½ l Pflanzenöl zum Frittieren

KLASSISCHE GLASUR

180 g Puderzucker

SCHOKOLADENGLASUR

180 g Puderzucker
25 g Kakaopulver
35 ml Milch (etwa 2 EL)

AUSSERDEM

Mehl zum Mehlieren

Doughnuts Die Milch in einem Topf lauwarm erhitzen. Die Hefe mit der Milch in der Schüssel einer Küchenmaschine mithilfe des Knethakens auflösen. Übrige Zutaten hinzufügen und alles etwa 5 Minuten bei niedriger Geschwindigkeit durchkneten. Die Geschwindigkeit erhöhen und den Teig weitere 10 Minuten kneten, bis er eine elastische Konsistenz hat. Den Teig auf einem bemehlten Brett mit Frischhaltefolie abgedeckt 30 Minuten an einem warmen Ort gehen lassen.

Den Teig auf einem leicht bemehlten Brett etwa 1 ½ cm dick ausrollen. Mit einem Ausstecher oder einem Glas Kreise von 7–8 cm Durchmesser ausstechen. Die Kreise auf einem mit leicht bemehltem Backpapier ausgelegten Blech verteilen. Mit einem kleineren Ausstecher die Mitte jedes Kreises ausstechen. (Für Berliner Pfannkuchen das Loch in der Mitte weglassen.) Mit Frischhaltefolie abgedeckt 1 ½–2 Stunden gehen lassen.

Das Pflanzenöl in einem Topf mit hohem Rand auf 180 °C erwärmen. Jeweils zwei Doughnuts darin auf beiden Seiten goldbraun ausbacken. Herausnehmen, auf Küchenpapier abtropfen lassen und dann zum Abkühlen auf ein Kuchengitter legen.

Klassische Glasur Puderzucker und 35 ml Wasser gut miteinander verrühren. Ist die Glasur zu dünn oder zu dick, noch etwas Puderzucker oder Wasser hinzugeben.

Schokoladenglasur Alle Zutaten in einem Topf unter Rühren auf etwa 60 °C erwärmen. Vom Herd nehmen, die Glasur abkühlen und etwas dicker werden lassen.

Die Doughnuts in die glänzenden Glasuren tunken und auf einem Kuchengitter mit Backpapier darunter abtropfen lassen. Eventuell mit Streuseln oder Ähnlichem dekorieren.

OATMEAL DOUGHNUT

Wenn Sie Doughnuts für ein üppiges Sonntagsfrühstück wollen, sollten Sie diese Variante mit geröstetem Hafer probieren. Beim Rösten des Hafers können Leinsamen und Sonnenblumenkerne mitgeröstet werden.

ETWA 20 DOUGHNUTS

DOUGHNUTS

250 ml Hafermilch
40 g Hefe
40 g Honig (2 EL)
25 g brauner Zucker (2 EL)
9 g Salz (1 ½ TL)
5 g Backpulver (1 TL)
120 g zimmerwarme Butter
110 g Eier (2 Stück)
660 g Weizenmehl
45 g geröstete Leinsamen
45 g geröstete Sonnenblumenkerne
60 g getrocknete Cranberrys, gehackt
60 g Rosinen, gehackt
1 ½ l Pflanzenöl zum Frittieren

GERÖSTETER HAFER

100 g Butter
160 g Haferflocken
45 g Zucker
10 g Vanillezucker (1 EL)
3 g Zimt (1 TL)

GLASUR

180 g Puderzucker
10 g Honig (½ EL)

AUSSERDEM

Mehl zum Mehlieren

Doughnuts Die Milch lauwarm erhitzen. Die Hefe mit der Milch in der Schüssel einer Küchenmaschine mithilfe des Knethakens auflösen. Übrige Zutaten bis auf Leinsamen, Sonnenblumenkerne, Cranberrys und Rosinen hinzufügen und etwa 5 Minuten bei niedriger Geschwindigkeit durchkneten. Die Geschwindigkeit erhöhen und den Teig weitere 10 Minuten kneten, bis er elastisch ist. Leinsamen, Sonnenblumenkerne, Cranberrys und Rosinen unterheben. Den Teig auf einem bemehlten Brett mit Frischhaltefolie abgedeckt 30 Minuten an einem warmen Ort gehen lassen.

Den Teig auf einem leicht bemehlten Brett etwa 1 ½ cm dick ausrollen. Mit einem Ausstecher oder einem Glas Kreise von 7–8 cm Durchmesser ausstechen. Die Kreise auf einem mit leicht bemehltem Backpapier ausgelegten Blech verteilen. Mit einem kleineren Ausstecher die Mitte jedes Kreises ausstechen. (Für Berliner Pfannkuchen das Loch in der Mitte weglassen.) Mit Frischhaltefolie abgedeckt 1 ½–2 Stunden gehen lassen.

Das Pflanzenöl in einem Topf mit hohem Rand auf 180 °C erwärmen. Jeweils zwei Doughnuts darin auf beiden Seiten goldbraun ausbacken. Herausnehmen, auf Küchenpapier abtropfen lassen und dann zum Abkühlen auf ein Kuchengitter legen.

Gerösteter Hafer Den Backofen auf 180 °C Umluft vorheizen. Die Butter schmelzen. Haferflocken, Zucker, Vanillezucker und Zimt verrühren. Butter dazugeben und die Mischung auf einem mit Backpapier ausgelegten Blech verteilen. 8–10 Minuten backen. Abkühlen lassen.

Glasur Puderzucker, Honig und 30 ml Wasser in einem Topf unter Rühren auf etwa 60 °C erwärmen.

Die Doughnuts in die glänzende Glasur tunken und auf einem Kuchengitter mit Backpapier darunter abtropfen lassen. Mit dem gerösteten Hafer bestreuen.

S

Bakery Tissue

BLUEBERRY DOUGHNUTS

Egal, wo man in New York ist: Überall gibt es Doughnuts. Dieses Rezept ist nichts Besonderes – einfach nur ein superleckerer Blaubeer-Zitronen-Doughnut.

ETWA 20 DOUGHNUTS

DOUGHNUTS

250 ml Milch (3 %)
30 g Blaubeerpulver (etwa 3 EL)
30 g Hefe
5 g Backpulver (1 TL)
7 g Salz (1 TL)
120 g zimmerwarme Butter
110 g Eier (2 Stück)
660 g Weizenmehl
Abrieb von 1 unbehandelten Zitrone
1 ½ l Pflanzenöl zum Frittieren

BLAUBEERGLASUR

180 g Puderzucker
15 g Blaubeerpulver (etwa 1 ½ EL)
Saft von ½ Zitrone

AUSSERDEM

Mehl zum Mehlieren

Doughnuts Die Milch mit dem Blaubeerpulver verrühren und lauwarm erhitzen. Die Hefe mit der Milch in der Schüssel einer Küchenmaschine mithilfe des Knethakens auflösen. Die übrigen Zutaten bis auf den Zitronenabrieb hinzufügen und etwa 5 Minuten bei niedriger Geschwindigkeit durchkneten. Die Geschwindigkeit erhöhen und den Teig weitere 10 Minuten kneten, bis er eine elastische Konsistenz hat. Den Zitronenabrieb unterheben und den Teig auf einem bemehlten Brett mit Frischhaltefolie abgedeckt 30 Minuten ruhen lassen.

Den Teig auf einem leicht bemehlten Brett etwa 1 ½ cm dick ausrollen. Mit einem Ausstecher oder einem Glas Kreise von 7–8 cm Durchmesser ausstechen. Die Kreise auf einem mit leicht bemehltem Backpapier ausgelegten Blech verteilen. Mit einem kleineren Ausstecher die Mitte jedes Kreises ausstechen. (Für Berliner Pfannkuchen das Loch in der Mitte weglassen.) Mit Frischhaltefolie abgedeckt 1 ½–2 Stunden gehen lassen.

Das Pflanzenöl in einem Topf mit hohem Rand auf 180 °C erwärmen. Jeweils zwei Doughnuts darin auf beiden Seiten goldbraun ausbacken. Herausnehmen, auf Küchenpapier abtropfen lassen und dann zum Abkühlen auf ein Kuchengitter legen.

Glasur Puderzucker, Blaubeerpulver, Zitronensaft und 25 ml Wasser in einem Topf unter Rühren auf etwa 60 °C erwärmen.

Die Doughnuts in die glänzende Glasur tunken und auf einem Kuchengitter mit Backpapier darunter abtropfen lassen.

CARROT CA DOUGHNUT

Stellen Sie sich einen frittierten, in Zimt und Zucker gewälzten Karottenkuchen vor. Und in der Mitte ein leckeres Cream-Cheese-Frosting. Karottenkuchen und Berliner Pfannkuchen – das Beste aus zwei Welten vereint.

ETWA 15 DOUGHNUTS

DOUGHNUTS

250 ml Milch (3 %)
40 g Hefe
120 g Zucker
10 g Vanillezucker (1 EL)
9 g Salz (1 ½ TL)
5 g Backpulver (1 TL)
120 g zimmerwarme Butter
110 g Eier (2 Stück)
845 g Weizenmehl
175 g geriebene Karotten (2–3 Stück)
15 g Zimt (1 ½ EL)
12 g gemahlener Kardamom (4 TL)
5 g gemahlener Ingwer (2 TL)
5 g gemahlene Muskatnuss (2 TL)

ZUM FRITTIEREN UND BESTREUEN

1 ½ l Pflanzenöl
150 g Zucker
10 g Zimt (3 TL)

CREAM-CHEESE-FROSTING

150 g zimmerwarme Butter
120 g Puderzucker
10 g Vanillezucker (1 EL)
Abrieb von 1 unbehandelten Zitrone
200 g Frischkäse

AUSSERDEM

Mehl zum Mehlieren

Doughnuts Die Milch lauwarm erhitzen. Die Hefe mit der Milch in der Schüssel einer Küchenmaschine mithilfe des Knethakens auflösen. Die übrigen Zutaten hinzufügen und etwa 5 Minuten bei niedriger Geschwindigkeit durchkneten. Die Geschwindigkeit erhöhen und den Teig weitere 10 Minuten kneten.

Den Teig auf einem leicht bemehlten Brett etwa 1 ½ cm dick ausrollen und mit einem Ausstecher oder einem Glas Kreise von 7–8 cm Durchmesser ausstechen. Die Kreise auf einem mit leicht bemehltem Backpapier ausgelegten Blech verteilen und mit Frischhaltefolie abgedeckt 1 ½–2 Stunden gehen lassen.

In der Zwischenzeit das Frosting zubereiten (siehe unten) und in den Kühlschrank stellen. Zucker und Zimt zum Bestreuen der Doughnuts mischen.

Das Pflanzenöl in einem Topf mit hohem Rand auf 180 °C erwärmen. Jeweils zwei Doughnuts darin auf beiden Seiten goldbraun ausbacken. Herausnehmen und in der Zucker-Zimt-Mischung wälzen. Auf einem Kuchengitter abkühlen lassen. Einen Spritzbeutel mit dem Frosting füllen, die Tülle in jeden Doughnut stecken und diesen mit dem Frosting füllen, dabei die Tülle langsam herausziehen.

Cream-Cheese-Frosting Alle Zutaten bis auf den Frischkäse zu einer luftigen Masse mixen. Den Frischkäse in mehreren Portionen dazugeben und dabei ständig weitermixen, bis ein lockeres Frosting entstanden ist.

KE
S

PARIS-BREST

FINAN

Dominique Ansel Bakery

189 SPRING STREET

Viele Liebhaber süßer Backwaren haben sicher schon vom französischen Konditor Dominique Ansel in New York gehört. Er ist der Erfinder des frittierten Doughnut-Croissants, des Cronuts (siehe Seite 59), nach dem die Kunden jeden Morgen anstanden. Viele von ihnen warteten stundenlang geduldig, um diesen superknusprigen Hybriddoughnut zu genießen.

Dominiques Spezialität ist, spektakuläre und neuartige Backwerke zu erfinden – oft auf der Basis von klassischem Gebäck. Man kann ihn fast als den Willy Wonka des Konditorenhandwerks bezeichnen. In seiner Konditorei in Soho kann man beispielsweise seine Interpretation der amerikanischen Süßspeise S'more probieren – ein in geschmolzener Marshmallow-Masse eingebackenes Eis am Stiel (siehe Bild rechts). Eiskalt und warm zugleich. Und unwiderstehlich. Ich war begeistert und bin mir sicher, Sie werden es auch sein.

KOU

ANCIERS • FINANCIERS

IOCHES • BERRY BRIOCHES

ÎLES FLOTTANTES • ÎLES FLOTTANTES • ÎLES FLOTTANTES • ÎLES FLOTTANTES

PARIS-BREST • PARIS-BREST

PARIS-BREST • PARIS-BREST

CLAFOUTIS • CLAFOUTIS • CLAFOUTIS • CLAFOUTIS • CLAFOUTIS • CLAFOUTIS

KOUIGN AMANN • KOUIGN AMANN

CRONUTS • CRONUTS • CRONUTS • CRONUTS

KOUIGN AMANN • KOUIGN AMANN • KOUIGN AMANN

ÎLES FLOTTANTES • ÎLES FLOTTANTES

TARTE TATIN • TARTE TATIN • TARTE TATIN • TARTE TATIN • TARTE TATIN

BERRY

BRIOCHES

Briocheteig ist ein klassischer üppiger Teig mit viel Butter und Ei. Ich habe mich dabei von den Vanilleteilchen inspirieren lassen und Beeren hinzugefügt. Brioches lassen sich sehr gut vorbereiten, denn der Teig und die Vanillecreme müssen über Nacht im Kühlschrank ruhen, sodass alles für den nächsten Tag vorbereitet ist.

25 BRIOCHES

TEIG

400 g Eier (7 Stück)
600 g Weizenmehl
90 g Zucker
30 g Hefe
12 g Salz (2 TL)
350 g zimmerwarme Butter

VANILLECREME

90 g Eigelb (6 Stück)
130 g Zucker
40 g Maisstärke
1 Vanilleschote
375 ml Milch (3 %)
30 g Butter

AUSSERDEM

Mehl zum Mehlieren
Zucker zum Ausrollen
frische Beeren zum Garnieren, z. B. Himbeeren, Blaubeeren, Brombeeren

Teig Alle Zutaten bis auf die Butter in einer Küchenmaschine vermengen und 10–15 Minuten bei mittlerer Geschwindigkeit mithilfe des Knethakens durcharbeiten. Dann die Butter hinzufügen und den Teig etwa 15 Minuten weiterkneten, bis er glänzend und elastisch ist. Die Schüssel mit Frischhaltefolie abdecken und 6–12 Stunden in den Kühlschrank stellen.

Die Vanillecreme zubereiten (siehe unten).

Teig aus dem Kühlschrank nehmen und etwa 20 Minuten Zimmertemperatur annehmen lassen. Auf einer bemehlten Arbeitsfläche in 25 gleich große Stücke teilen (etwa 60 g/Stück), zu runden Kugeln formen und 5 Minuten ruhen lassen.

Die Arbeitsfläche mit Zucker bestreuen, die Kugeln in 5–6 mm dicke Kreise ausrollen und auf ein mit Backpapier ausgekleidetes Blech legen. Mit einem Küchentuch bedeckt 1 ½ Stunden gehen lassen.

Den Backofen auf 190 °C Umluft vorheizen. Einen Spritzbeutel mit der Vanillecreme füllen, die Tülle in jede Brioche stecken und mit der Creme füllen, dabei gleichzeitig die Tülle langsam nach oben herausziehen. Mit Beeren garnieren und 10–12 Minuten auf der mittleren Schiene goldbraun backen.

Vanillecreme Eigelb, Zucker und Maisstärke verrühren. Die Vanilleschote aufschneiden, das Mark herauskratzen und mit der Schote und der Milch in einen Topf geben. Unter Rühren aufkochen lassen und dann die Schote herausnehmen.

Die Milchmischung gut mit den anderen Zutaten verrühren. Alles im Topf bei mittlerer Temperatur unter ständigem Rühren erwärmen, bis die Masse dick ist. Creme in eine Schüssel geben. Die Butter gut einarbeiten. Die Schüssel mit Frischhaltefolie abdecken und im Kühlschrank abkühlen lassen.

CLAFOUTIS

Clafoutis ist ein klassischer süßer Auflauf aus Frankreich. Er wird oft mit Kirschen zubereitet, die aber auch gegen anderes Obst ausgetauscht werden können. Rustikal, einfach und unglaublich gut.

ETWA 10 STÜCKE
25 g Butter
80 g Mandelmehl
90 g Weizenmehl
130 g Zucker
10 g Vanillezucker (1 EL)
165 g Eier (3 Stück)
300 ml Milch (3 %)
Abrieb von 1 unbehandelten Zitrone
500 g entsteinte Kirschen (frische oder aufgetaute TK-Kirschen)
leicht geschlagene Sahne oder Vanilleeis zum Servieren (siehe Seite 128)
Puderzucker zum Bestauben

AUSSERDEM
Butter zum Einfetten
Mandelmehl zum Mehlieren

Den Backofen auf 170 °C Umluft vorheizen. Die Butter schmelzen. Eine Tarteform aus Keramik (Ø etwa 24 cm) einfetten und mit etwas Mandelmehl bestauben.

Mandelmehl, Weizenmehl, Zucker und Vanillezucker in einer Schüssel mischen. Die Eier trennen, das Eigelb mit der Butter mischen. Nach und nach die Milch hinzufügen und alles zu einem Teig verrühren. Den Zitronenabrieb unterheben.

Das Eiweiß in einer anderen Schüssel zu Eischnee schlagen und diesen unter den Teig heben. Den Teig in die Form füllen und die Kirschen daraufgeben. 25–30 Minuten auf der mittleren Schiene backen, bis der Auflauf eine schöne Farbe hat. Lauwarm mit Schlagsahne oder Vanilleeis und mit Puderzucker bestaubt servieren.

CRONUTS

Als Dominique Ansel auf die Idee kam, den amerikanischen Klassiker Doughnut mit einem französischen Klassiker, dem Croissant, zu kreuzen, gab es einen richtigen Hype wegen des Cronuts. Das Backen dieses Meisterwerks ist etwas schwierig, macht aber sehr viel Spaß – und das Ergebnis ist einfach nur lecker. Wichtig ist, dass die Butter die richtige Temperatur hat: Sie sollte zwischen zimmerwarm und kühlschrankkalt liegen und die Butter sollte elastisch und biegsam sein, ohne zu kleben.

ETWA 14 CRONUTS

250 ml kühlschrankkalte Milch (3 %)
540 g Weizenmehl
70 g Zucker
10 g Backpulver (2 TL)
55 g kühlschrankkaltes Ei (1 Stück)
25 g Hefe
250 g zimmerwarme bis kühlschrankkalte Butter zum Einarbeiten
1 l Pflanzenöl zum Frittieren
Zucker zum Ausrollen

AUSSERDEM

Mehl zum Mehlieren

Alle Zutaten bis auf die Butter in einer Küchenmaschine mithilfe des Knethakens vermengen und 8 Minuten bei mittlerer Geschwindigkeit durcharbeiten. Den Teig herausnehmen, leicht flach drücken und in Frischhaltefolie gewickelt im Gefrierschrank 30 Minuten ruhen lassen.

Unterdessen die Butter auf Backpapier zu einem etwa 1 cm dicken Rechteck ausbreiten.

Den Teig aus dem Gefrierschrank nehmen und auf einer bemehlten Arbeitsplatte zu einem etwa 1 ½ cm dicken Rechteck ausrollen, das etwa doppelt so groß ist wie die Butterplatte. Die Butterplatte in die Mitte der Teigplatte legen und die Teigränder so umschlagen, dass sie in der Mitte aufeinandertreffen. Leicht andrücken.

Den Teig zu einem etwa 1 ½ cm dicken Quadrat ausrollen und folgendermaßen falten: ein Drittel des Teigs zur Mitte hin falten, das andere Drittel so darauffalten, dass drei Lagen Teig übereinanderliegen. Den Teig in Frischhaltefolie gewickelt 45 Minuten im Kühlschrank ruhen lassen. Diesen Vorgang noch zweimal wiederholen, sodass der Teig insgesamt dreimal gefaltet wurde.

Nach dem letzten Ruhen im Kühlschrank den Teig auf einem leicht bemehlten Brett zu einer etwa 3 cm dicken Platte ausrollen. Die Cronuts mit einem Ausstecher (Ø 7–8 cm) ausstechen und auf ein mit Backpapier ausgekleidetes Blech legen. Aus der Mitte jedes Cronuts einen kleinen Kreis ausstechen. Mit einem Küchentuch bedeckt 1 ½ Stunden gehen lassen.

Das Pflanzenöl in einem Topf mit hohem Rand auf 180 °C erwärmen. Jeweils zwei Cronuts darin ausbacken, bis sie auf beiden Seiten eine schöne goldbraune Farbe haben. Mit einem Schaumlöffel herausnehmen und auf Küchenpapier abtropfen lassen. In Zucker wälzen und zum Abkühlen auf ein Kuchengitter legen.

FINANCIER

Ein französisches Mandelküchlein mit dem herrlichen Geschmack gebräunter Butter, die ihm einen fülligen, etwas nussigen Charakter verleiht. Man kann dazu eine aus dem restlichen Eigelb zubereitete Vanillesauce reichen, aber sie schmecken auch ohne sehr gut.

12 TÖRTCHEN

FINANCIERS

150 g Butter
60 g Weizenmehl
60 g Mandelmehl
180 g Puderzucker
150 g Eiweiß (4–5 Stück)
10 g Vanillezucker (1 EL)
2 g Salz (½ TL)
Abrieb von 1 unbehandelten Zitrone
36 frische Himbeeren
Mandelsplitter
Puderzucker zum Bestauben

VANILLESAUCE

80 g Eigelb (5 Stück)
90 g Zucker
1 Vanilleschote
250 g Schlagsahne
100 ml Milch (3 %)

AUSSERDEM

Butter zum Einfetten
Mehl zum Mehlieren

Den Backofen auf 180 °C Umluft vorheizen. Eine Financiers- oder Muffinform einfetten und bemehlen. Die Butter in einem Topf schmelzen und auf dem Herd stehen lassen, bis sie eine goldbraune Farbe hat und leicht nussig duftet.

Weizenmehl, Mandelmehl, Puderzucker, Eiweiß, Vanillezucker, Salz und Zitronenabrieb mischen. Die Butter unterheben und alles zu einem glatten Teig verrühren.

Den Teig in den Formen verteilen, in jede Form drei Himbeeren legen und mit Mandelsplittern bestreuen. 15–20 Minuten auf der mittleren Schiene backen, bis die Küchlein etwas Farbe angenommen haben.

Die Küchlein etwas abkühlen lassen und dann aus den Formen nehmen. Vor dem Servieren mit Puderzucker bestauben.

Vanillesauce Eigelb und Zucker verrühren. Die Vanilleschote aufschneiden, das Mark herauskratzen und mit der Schote, der Schlagsahne und der Milch in einen Topf geben. Aufkochen lassen, dann die Schote herausnehmen. Die Milchmischung zu den anderen Zutaten gießen und gut verrühren.

Alles wieder in den Topf geben und bei mittlerer Temperatur unter ständigem Rühren erwärmen, bis die Masse dick wird. Die Sauce in eine Schale abseihen, mit Frischhaltefolie abdecken und abkühlen lassen.

ÎLES FLOTTANTES

Îles flottantes sind vielen vielleicht als Schnee-Eier bekannt. Dieses Dessert ist himmlisch. Man hat das Gefühl, eine luftige, pochierte Wolke mit dem Geschmack von Vanille und Mandeln zu essen. Ich lasse mir nie eine Gelegenheit entgehen, diese Dessertwolke zu genießen.

ETWA 8 PORTIONEN

VANILLESAUCE

90 g Eigelb (6 Stück)
90 g Zucker
1 Vanilleschote
250 ml Milch (3 %)
250 g Schlagsahne

KARAMELLISIERTE MANDELN

200 g Mandeln, gebrüht und abgezogen
160 g Zucker
30 g Butter (2 EL)

EISCHNEE

500 ml Milch (3 %)
160 g Eiweiß (etwa 5 Stück)
95 g Zucker

Vanillesauce Eigelb und Zucker in einer Schüssel verrühren. Die Vanilleschote aufschneiden, das Mark herauskratzen und mit der Schote, der Milch und der Schlagsahne in einen Topf geben. Aufkochen lassen, die Schote herausnehmen und die Mischung in die Schüssel gießen. Alles wieder in den Topf geben und bei mittlerer Temperatur unter ständigem Rühren erwärmen, bis die Masse dick wird. Die Sauce in eine Schale abseihen, mit Frischhaltefolie abdecken und abkühlen lassen.

Karamellisierte Mandeln Den Backofen auf 180 °C Umluft vorheizen. Die Mandeln auf einem mit Backpapier belegten Blech ausbreiten und etwa 8 Minuten im Backofen rösten.

In eine trockene Pfanne eine dünne Schicht Zucker streuen und diesen ohne Rühren schmelzen lassen. Eine weitere Schicht Zucker darüberstreuen und auch diese schmelzen lassen. Diesen Vorgang wiederholen, bis der gesamte Zucker in der Pfanne ist und eine schöne goldbraune Farbe hat. Dann die Butter hineinrühren.

Die Mandeln dazugeben und vorsichtig mit einem Holzlöffel umrühren, bis alle Mandeln von der Karamellmasse bedeckt sind. Die Mandeln auf Backpapier geben und so gut es geht voneinander trennen (Vorsicht! Die Masse ist sehr heiß.). Die Mandeln abkühlen lassen und danach grob hacken.

Eischnee Milch aufkochen, dann nur noch leise köcheln lassen. Eiweiß zu Eischnee schlagen. Zucker langsam einrieseln lassen und unterheben. Weiterschlagen, bis die Masse fest ist.

Mit einem größeren Löffel jeweils zwei bis drei Schnee-Eier abstechen und in die Milch geben. 1–2 Minuten ziehen lassen, vorsichtig wenden und nochmals 1–2 Minuten in der heißen Milch lassen. (Sie sind fertig, wenn sie eine etwas federnde Konsistenz haben.) Die Schnee-Eier vorsichtig mit einem Schaumlöffel herausholen und in tiefe Teller legen. Das Ganze mit dem übrigen Eischnee wiederholen.

Vanillesauce um die Eier gießen, Mandeln darüberstreuen und servieren.

KOUIGN AM

Dieses knusprige Backwerk kommt ursprünglich aus der französischen Bretagne. Es hat Ähnlichkeit mit Plundergebäck, aber mit dem Unterschied, dass man hier den Teig zum Schluss in einer Mischung aus Zucker und Salz ausrollt, was dem Gebäck eine herrliche karamellisierte Oberfläche verleiht und es richtig knusprig macht. Bon appétit!

ETWA 16 GEBÄCKSTÜCKE

TEIG

480 g Weizenmehl + etwas zum Mehlieren
40 g Hefe
190 g Zucker
6 g Meersalz (1 TL)
55 g kühlschrankkaltes Ei (1 Stück)
20 g Butter (1 EL) + 400 g zimmerwarme bis kühlschrankkalte Butter zum Einarbeiten + etwas zum Einfetten

SALZ-ZUCKER-MISCHUNG

300 g Zucker
12 g Meersalz (2 TL)

Teig Weizenmehl, Hefe, Zucker, Salz, Ei, 20 g Butter und 200 ml kaltes Wasser in einer Küchenmaschine mithilfe des Knethakens vermengen. Den Teig 5–6 Minuten bei mittlerer Geschwindigkeit durchkneten. Den Teig herausnehmen und leicht flach drücken. In Frischhaltefolie gewickelt im Gefrierschrank 30 Minuten ruhen lassen.

Währenddessen die Butter auf Backpapier zu einem etwa 2 cm dicken Rechteck ausrollen. (Die Butter sollte eine geschmeidige Konsistenz haben, ungefähr wie der Teig.)

Den Teig aus dem Gefrierschrank nehmen und auf einer bemehlten Arbeitsfläche zu einem Rechteck ausrollen, das etwa doppelt so groß wie die Butterplatte ist. Die Butterplatte (mit etwa gleicher Temperatur wie der Teig) in die Mitte der Teigplatte legen und die Teigränder so umschlagen, dass sie in der Mitte aufeinandertreffen. Leicht andrücken.

Den Teig zu einem etwa 1 ½ cm dicken Quadrat ausrollen. Ein Drittel des Teigs zur Mitte hin falten, das andere Drittel so darauffalten, dass drei Lagen Teig übereinanderliegen. Den Teig in Frischhaltefolie gewickelt 15 Minuten im Kühlschrank ruhen lassen. Nochmals wiederholen.

Zucker und Salz mischen und auf die Arbeitsfläche streuen; etwas für die Formen und zum Bestreuen aufheben. Den Teig darauflegen und noch einmal zu drei Lagen falten, die nun zu einem Quadrat (32 × 32 cm) ausgerollt werden. Das dritte und letzte Teigstück sollte eine Dicke von 3–4 cm haben.

Den Teig in 16 Quadrate schneiden. Die Ecken jedes Quadrats so zur Mitte falten, dass jeweils ein kleines Paket entsteht.

Ein Muffinblech einfetten und in jede Form etwas von der Salz-Zucker-Mischung streuen. Die Teigpakete hineingeben und mit etwas Salz-Zucker-Mischung bestreuen. Abgedeckt 1 ½–2 Stunden gehen lassen. Den Backofen auf 200 °C Umluft vorheizen. Die Kuchen etwa 15 Minuten auf der mittleren Schiene goldbraun backen. Etwas abkühlen lassen. Dann auf ein Kuchengitter legen.

ANN

PA

RIS-BREST

Extravagante und fantastisch schmeckende *Petits choux* mit doppelter Füllung. Ich empfehle, sie für einen ganz besonderen Kaffeenachmittag zu backen.

10 GEBÄCKSTÜCKE

VANILLECREME

45 g Eigelb (3 Stück)
45 g Zucker
20 g Maisstärke (2 ½ EL)
1 Vanilleschote
175 ml Milch (3 %)
25 g Butter

BRANDTEIG

25 ml Milch (3 %)
40 g Butter
4 g Zucker (1 TL)
2 g Salz (2 Msp.)
70 g Weizenmehl
110 g Eier (2 Stück)
300 g gesalzene, geröstete Erdnüsse, gehackt
Puderzucker zum Bestauben

SCHOKOLADENCREME

450 g Schlagsahne
50 g dunkle Schokolade (70 %)
¾ der Vanillecreme

Vanillecreme Eigelb, Zucker und Maisstärke verrühren. Die Vanilleschote aufschneiden, das Mark herauskratzen und mit der Schote und der Milch in einen Topf geben. Aufkochen lassen, die Schote herausnehmen und die Mischung vorsichtig in die Schüssel gießen. Alles wieder in den Topf geben und bei mittlerer Temperatur unter ständigem Rühren erwärmen, bis die Masse dick wird. Auf die niedrigste mögliche Temperatur reduzieren und rühren, bis die Creme glänzend und dick ist.

Die Creme in eine Schüssel geben. Die Butter einarbeiten. Mit Frischhaltefolie abdecken – auch direkt auf der Oberfläche, damit sich keine Haut bildet. Über Nacht im Kühlschrank vollständig durchkühlen lassen.

Brandteig Milch, Wasser, Butter, Zucker und Salz aufkochen. Das Mehl in den Topf sieben. Mit einem Holzlöffel so lange rühren, bis ein glatter, glänzender Teigkloß entsteht und der Topfboden mit einer weißen Haut überzogen ist. Vom Herd nehmen.

Den Teig in eine Schüssel geben und umrühren, um ihn etwas abzukühlen. Die Eier nacheinander gut unter den Teig mischen.

Zehn Kugeln mit etwa 4 cm Abstand auf ein mit Backpapier belegtes Backblech spritzen. Mit den Erdnüssen bestreuen (der Rest wird später verwendet). Die Kugeln mit Frischhaltefolie abdecken und mindestens 8 Stunden in den Gefrierschrank stellen.

Den Backofen auf 180 °C Umluft vorheizen und die Kugeln auf der mittleren Schiene etwa 30 Minuten goldbraun backen. Backofen ausschalten, die Tür einige Sekunden öffnen und dann die Kugeln in der Nachwärme 10 Minuten trocknen lassen. Die *Petits choux* herausnehmen und abkühlen lassen.

Schokoladencreme Die Schlagsahne steif schlagen. Die Schokolade im Wasserbad zum Schmelzen bringen, dann schnell mit dem Schneebesen gleichmäßig in die Vanillecreme rühren (ein Viertel der Vanillecreme übrig lassen). Vorsichtig eine Hälfte der Sahne unterheben, dann die andere Hälfte. Die Creme 1 Stunde in den Kühlschrank stellen. Sollte sie danach zu weich sein, nochmals 1 Stunde in den Kühlschrank stellen.

Von den *Petits choux* einen Deckel abschneiden. In jedes Gebäckstück etwas Vanillecreme spritzen und einige Erdnüsse darüberstreuen. Darauf die Schokoladencreme geben und erneut mit Erdnüssen bestreuen. Den Deckel auflegen und mit Puderzucker bestauben.

TARTE TAT

Tarte Tatin sind Äpfel, die in einer gusseisernen Pfanne karamellisiert wurden und einen Deckel aus Blätterteig oder – wie in diesem Fall – aus porösem Mürbeteig erhalten. Dann wird das Kunstwerk umgedreht und serviert. Die Äpfel lassen sich gegen anderes Obst wie Pflaumen oder Pfirsiche austauschen, dann verkürzt sich die Backzeit etwas.

8–10 STÜCKE

BRETONISCHER BODEN
100 g Butter
90 g Zucker
3 g Salz (½ TL)
40 g Eigelb (2 Stück)
150 g Weizenmehl
5 g Backpulver (1 TL)

KARAMELLISIERTE ÄPFEL
6 große feste Äpfel
50 g Butter
135 g Zucker
Vanilleeis zum Servieren (siehe Seite 128)

Bretonischer Boden Alle Zutaten in eine Schüssel geben und zu einem gleichmäßigen Teig verarbeiten. Den Teig in Frischhaltefolie gewickelt etwa 30 Minuten in den Kühlschrank stellen, damit er sich leichter ausrollen lässt.

Karamellisierte Äpfel Den Backofen auf 150 °C Umluft vorheizen. Die Äpfel schälen und vierteln. Das Kerngehäuse entfernen und bei sehr großen Äpfeln die Viertel eventuell nochmals durchschneiden.

Butter in einer ofenfesten Pfanne (Ø etwa 24 cm) schmelzen. Den Zucker hinzufügen und umrühren, bis er geschmolzen ist und sich eine gleichmäßige Karamellmasse gebildet hat. Die Pfanne vom Herd nehmen und die Apfelstücke eng nebeneinander in einem schönen Muster hineinlegen.

Den Teig zu einem Kreis ausrollen, der etwas größer als die Pfanne ist. Den Teig über die Äpfel legen und an den Seiten so herunterdrücken, dass die Äpfel ganz eingeschlossen sind. Mit einer Gabel einige Löcher in den Teig stechen und die Tarte auf der mittleren Schiene 40–45 Minuten backen.

Die Pfanne herausnehmen, einige Minuten stehen lassen und dann die Tarte auf eine Kuchenplatte stürzen. Lauwarm mit Vanilleeis servieren.

N
maxe

King St
SPEED
LIMIT
25
SPEED CHECKED
BY RADAR
DEPT. OF TRANSPORTATION
ONE WAY

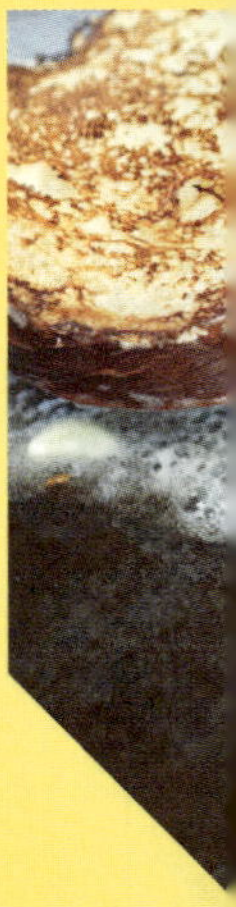

Clinton Street Baking Company

4 CLINTON STREET

Manchmal trifft man Leute, die einem sofort sympathisch sind. Wie Neil Kleinberg von der »Clinton Street Baking Company«. Ein unglaublich charismatischer, warmherziger Mensch.

In Restaurantküchen sind die Arbeitsbedingungen meist recht hart, mit deutlichen Hierarchien – nicht zuletzt in den USA. In der Clinton Street war davon nichts zu spüren. Die Stimmung in der kleinen Bäckerei war herzlich und warm.

Hier stehen die Leute seit der Eröffnung 2001 fast jeden Sonnabend in langen Schlangen vor dem Eingang an. Als wir zusammen backen, erklärt mir Neil, dass er ganz klein angefangen hat: »Just me and the dishwasher.« Dann erkannte er jedoch, dass er Leute einstellen musste, um die Nachfrage zu befriedigen.

IE • CHERRY CRUMBLE PIE

FUNNEL CAKES

FUNNEL CAKES • FUNNEL CAKES

NEIL'S FRENCH TOAST • NEIL'S FRENCH TOAST • NEIL'S FRENCH TOAST • NEIL'S FRENCH TOAST

FUNNEL CAKES • FUNNEL CAKES

BERRY MUFFINS • BERRY MUFFINS • BERRY MUFFINS

BERRY MUFFINS • BERRY MUFFINS

FUNNEL CAKES • FUNNEL CAKES • FUNNEL CAKES

NEIL'S FRENCH TOAST • NEIL'S FRENCH TOAST • NEIL'S FRENCH TOAST

BERRY MUFFINS • BERRY MUFFINS • BERRY MUFFINS

BERRY MUFFINS • BERRY MUFFINS • BERRY MUFFINS

AMERICAN PANCAKES • AMERICAN PANCAKES AMERICAN PANCAKES • AMERICAN PANCAKES
BERRY MUFFINS • BERRY MUFFINS • BERRY MUFFINS • BERRY MUFFINS
EAT
FUNNEL CAKES • FUNNEL CAKES • FUNNEL CAKES
CHERRY CRUMBLE PIE
AMERICAN PANCAKES
NEIL'S FRENCH TOAST • NEIL'S FRENCH TOAST • NEIL'S FRENCH TOAST • NEIL'S FRENCH TOAST • NEIL'S FRENCH TOAST
BERRY MUFFINS • BERRY MUFFINS • BERRY MUFFINS • BERRY MUFFINS
BERRY MUFFINS • BERRY MUFFINS • BERRY MUFFINS
CHERRY CRUMBLE PIE
FUNNEL CAKES • FUNNEL CAKES • FUNNEL CAKES • FUNNEL CAKES
CHERRY CRUMBLE PIE

CHERRY CRUMBLE PIE • CHERRY CRUMBLE PIE • CHERRY CRUMBLE PIE • CHERRY CRUMBLE PIE • CHERRY CRUMBLE PIE

FUNNEL CAKES • FUNNEL CAKES • FUNNEL CAKES

AMERICAN PANCAKES • AMERICAN PANCAKES

Die Schlangen wurden immer länger. So viele wollten seine säuerliche *Key Lime Pie,* seinen *French Toast* und seine berühmten *Pancakes* mit gebräunter Butter und Ahornsirup probieren. Seine *Pancakes* wurden übrigens schon zweimal vom »New York Magazine« zu den besten der Stadt gewählt.

Neils Philosophie ist einfach und ähnlich meiner: Rustikal, simpel und schmackhaft soll es sein. Die Tartes, Kuchen und Torten sollen so aussehen, als hätte man sie zu Hause gebacken, und die Gäste sollen möglichst jeden Rest Kirschkuchen, Streuselteig und Karamellsauce vom Teller lecken wollen.

Der Besuch bei Neil war für mich ein tolles Erlebnis und hat mich zu fantastischen Rezepten inspiriert. Außerdem habe ich ein signiertes Exemplar seines Kochbuchs bekommen, das den gleichen Namen wie seine wunderbare Bäckerei trägt.

BERRY MU

Das ist ein richtig gutes Grundrezept für besonders saftige, leckere Muffins. Ich habe diese mit zarter Vanillecreme und frischen Beeren gefüllt und mit knusprigem Mandelcrumble bedeckt. Guten Appetit!

10 MUFFINS

VANILLECREME
70 g Eigelb (5 Stück)
90 g Zucker
30 g Maisstärke
1 Vanilleschote
250 ml Milch (3 %)
15 g Butter

CRUMBLE
40 g zimmerwarme Butter
45 g Zucker
10 g Vanillezucker (1 EL)
30 g Mandelmehl (3 ½ EL)
60 g Weizenmehl

MUFFINTEIG
240 g Weizenmehl
160 g Zucker
15 g Backpulver (1 EL)
10 g Vanillezucker (1 EL)
3 g Salz (½ TL)
55 g Ei (1 Stück)
250 ml zimmerwarme Milch (3 %)
50 ml Pflanzenöl
Abrieb von 1 unbehandelten Zitrone
etwa 125 g frische Beeren (Himbeeren, Brombeeren, Blaubeeren)

Vanillecreme Eigelb, Zucker und Maisstärke in einer Schüssel verrühren. Die Vanilleschote längs aufschneiden, das Mark herauskratzen und mit der Schote und der Milch in einen Topf geben. Unter Rühren aufkochen lassen und dann die Schote herausnehmen. Die Milchmischung in die Schüssel mit den trockenen Zutaten gießen und gut umrühren.

Alles wieder in den Topf geben und bei mittlerer Temperatur unter ständigem Rühren erwärmen, bis die Masse eine dicke Creme geworden ist. In eine Schüssel geben und die Butter in die Creme einarbeiten. Mit Frischhaltefolie abdecken und mindestens 2 Stunden im Kühlschrank ruhen lassen.

Crumble Alle Zutaten in einer Schüssel mischen und mit den Fingerspitzen zu einem Streuselteig verarbeiten.

Muffinteig Den Backofen auf 200 °C Umluft vorheizen. Mehl, Zucker, Backpulver, Vanillezucker und Salz vermischen.

In einer anderen Schüssel Ei, Milch, Pflanzenöl und Zitronenabrieb verrühren. Die trockenen Zutaten unter die Eimasse heben und alles zu einem glatten Teig rühren.

Muffinformen in ein Muffinblech setzen und jeweils zur Hälfte mit dem Teig füllen. In jeden Muffin etwas Vanillecreme spritzen und vorsichtig einige Beeren hineindrücken. Mit dem Crumbleteig bestreuen und 18–20 Minuten auf der mittleren Schiene goldbraun backen.

FINS

C

CHERRY UMBLE PIE

Eine echte amerikanische Pie. Die Teighülle wird vor dem Backen mit getrockneten Erbsen (können mehrmals verwendet werden) gefüllt, die als Stütze für die Ränder fungieren, damit sie beim Vorbacken nicht zusammenfallen. Das Bestreichen der Teighülle mit Eiweiß schützt diese vor der feuchten Füllung, sodass sie knusprig bleibt.

ETWA 10 STÜCKE

TEIGHÜLLE

180 g Weizenmehl
10 g Zucker (1 EL)
150 g kühlschrankkalte Butter + etwas zum Einfetten
ungekochte getrocknete Erbsen für das Vorbacken
1 Eiweiß zum Bestreichen

CRUMBLE

120 g Weizenmehl
50 g Mandelmehl
30 g Zucker (2 EL)
8 g Vanillezucker (1 EL)
100 g zimmerwarme Butter

FÜLLUNG

600 g entsteinte TK-Kirschen
260 g Zucker
35 g Maisstärke (4 EL)
1 Vanilleschote
Saft von 1 Zitrone
Vanilleeis zum Servieren

Teighülle Mehl und Zucker in einer Küchenmaschine mischen. Die Butter in kleinen Würfeln hinzugeben. Die Mischung so lange bearbeiten, bis sie krümelig wird. 30 ml eiskaltes Wasser in kleinen Schlucken hinzufügen und weiterarbeiten, bis der Teig zusammenhält. (Eventuell ist mehr Wasser erforderlich.) Den Teig in Frischhaltefolie gewickelt mindestens 1 Stunde, am besten 2 Stunden, im Kühlschrank ruhen lassen.

Den Backofen auf 200 °C Umluft vorheizen und den Teig 5–10 Minuten Zimmertemperatur annehmen lassen. Eine runde Tarteform (Ø 23 cm) einfetten. Den Teig zu einem 3 mm dicken Kreis ausrollen und die Form damit bis über den Rand auslegen. Überflüssigen Teig abschneiden und die Teigränder festdrücken. Im Gefrierschrank 15 Minuten ruhen lassen.

Die Teighülle mit Backpapier bedecken. Die Form mit den Erbsen füllen. Auf der mittleren Schiene 15–20 Minuten vorbacken. Backpapier entfernen und die Teighülle dünn mit Eiweiß bestreichen. Weitere 5 Minuten in den Backofen geben.

Crumble Alle Zutaten in einer Schüssel mischen und mit den Fingerspitzen zu einem Streuselteig verarbeiten.

Füllung Den Backofen auf 180 °C Umluft vorheizen. Die Kirschen in einem Topf bei niedriger Temperatur auftauen. Zucker und Maisstärke mischen und mit den Kirschen verrühren. Die Vanilleschote aufschneiden, das Mark herauskratzen und mit dem Zitronensaft in den Topf geben. Etwa 5 Minuten zu Kompott einkochen lassen, dabei immer wieder umrühren.

Das Kompott in die Teighülle geben und den Crumble-Teig darüberstreuen. Auf der mittleren Schiene 45–50 Minuten backen. Ganz abkühlen lassen und mit Vanilleeis servieren.

NEILS FRE
TOAST

French Toast entspricht ungefähr unseren Armen Rittern. Allerdings ist Neils Toast alles andere als arm. Mit den karamellisierten Bananen und der gebräunten Butter mit Ahornsirup ist er recht üppig.

6 PORTIONEN

KARAMELLISIERTE BANANEN

3 Bananen
1 Vanilleschote
75 g brauner Zucker
50 g Butter
2 g Zimt (1 TL)
Saft von 1 Zitrone

GEBRÄUNTE BUTTER MIT AHORNSIRUP

100 g Butter
Ahornsirup nach Geschmack

BACKTEIG

45 g Weizenmehl
12 g Zucker (1 EL)
5 g Vanillezucker (½ EL)
2 g Zimt (1 TL)
300 ml Milch (3 %)
220 g Eier (4 Stück)
2 g Salz (½ TL)
12 Scheiben Brioche oder Toastbrot
Puderzucker zum Bestauben
gehackte Pekannüsse zum Bestreuen

Karamellisierte Bananen Die Bananen in vier Teile teilen. Die Vanilleschote aufschneiden, das Mark herauskratzen und mit dem Zucker und der Butter in einer Pfanne erwärmen, bis der Zucker geschmolzen ist.

Bananen und Zimt hinzufügen und vorsichtig umrühren. Einige Minuten bei mittlerer Temperatur stehen lassen und von Zeit zu Zeit die Pfanne schütteln, damit die Bananen gleichmäßig karamellisiert werden. Den Zitronensaft hinzufügen und alles zur Seite stellen.

Gebräunte Butter mit Ahornsirup Die Butter bei mittlerer Temperatur schmelzen. Wenn die Butter zu zischen beginnt, langsam und stetig umrühren. (Auf diese Weise verhindert man, dass Partikel auf den Boden der Pfanne sinken und dort anbrennen.) Ist die Butter hellbraun und duftet etwas nussig, ist sie fertig. In eine Schüssel gießen. Dabei versuchen, möglichst wenig angebrannte Partikel mitzunehmen. Mit Ahornsirup abschmecken.

Backteig Mehl, Zucker, Vanillezucker und Zimt vermischen. Milch, Eier und Salz leicht verrühren. Die trockenen Zutaten hinzufügen und alles zu einem glatten Teig verrühren. Die Brotscheiben in den Teig tauchen und in Butter bei mittlerer Temperatur goldbraun braten.

Auf jeden Teller zwei Scheiben French Toast legen. Die Bananen daraufgeben und mit Butter beträufeln. Mit Puderzucker bestauben und mit gehackten Pekannüssen bestreuen.

ICH

FUN

NEL CAKES

Ein lustiger und leckerer Kuchen, der in den USA oft in Vergnügungsparks, auf Festivals oder bei Sportevents verkauft wird. Funnel bedeutet Trichter – und Sie benötigen tatsächlich einen Trichter, um den Teig in das Öl zu geben. Funnel Cakes – am besten nur mit Puderzucker bestaubt – schmecken wie eine frittierte Waffel. Man kann aber auch Schlagsahne, Eis, frische Beeren oder Konfitüre dazu essen.

8–10 FUNNEL CAKES
300 g Weizenmehl
6 g Backpulver (1 TL)
3 g Salz (½ TL)
10 g Vanillezucker (1 EL)
60 g Zucker
110 g Eier (2 Stück)
300 ml Milch (3 %)
Abrieb von 1 unbehandelten Zitrone
1 l Pflanzenöl zum Frittieren
Puderzucker zum Bestauben
eventuell leicht geschlagene Sahne, Eis, Konfitüre oder Beeren zum Servieren

Mehl, Backpulver, Salz, Vanillezucker und Zucker mischen. Eier, Milch und Zitronenabrieb leicht verrühren. Die trockenen Zutaten in die Milchmischung geben und alles zu einem glatten Backteig verrühren.

Das Pflanzenöl in einem breiten, flachen Topf oder einer Pfanne mit hohem Rand auf 180 °C erhitzen. Einen Trichter zur Hand nehmen, durch dessen untere Öffnung der Backteig gut hindurchlaufen kann. Die untere Öffnung mit einem Finger zuhalten und den Backteig hineinfüllen. Den Trichter über das heiße Öl halten, den Finger wegnehmen und den Trichter über dem Topf kreisen lassen, sodass der Teig in Kringeln in das Öl fließt. Wenn der Kuchen groß genug ist, die Öffnung wieder zuhalten und den Kuchen goldbraun frittieren. Wenden und auch auf der anderen Seite goldbraun werden lassen.

Herausnehmen, abtropfen lassen und mit Puderzucker bestauben. Sofort servieren, eventuell mit Beilagen.

AMERICAN PANCAKES

Das Geheimnis des perfekten amerikanischen Pfannkuchens ist die Temperatur: Wird er bei mittlerer Temperatur gebacken, kann er richtig aufgehen, bevor er braun wird. Mögen Sie den Teig vielleicht gewürzt? Probieren Sie es mal mit Zimt, Kardamom oder Zitronenabrieb. Man könnte aber auch ein paar Blaubeeren, Himbeeren, Schokoladenstücke oder Kokosflocken hineinrühren.

4–5 PANCAKES
180 g Weizenmehl
10 g Vanillezucker (1 EL)
7 g Backpulver (1 ½ TL)
7 g Natron (1 ½ TL)
30 g Zucker (2 EL)
4 g Salz (½ TL)
50 g Butter
55 g Ei (1 Stück)
150 ml Sauermilch
75 ml Milch (3 %)
Butter zum Braten
eventuell Puderzucker zum Bestauben
Ahornsirup zum Servieren

Mehl, Vanillezucker, Backpulver und Natron in eine Schüssel sieben. Zucker und Salz untermischen.

Die Butter in einem Topf schmelzen und mit Ei, Sauermilch und Milch in einer Schüssel verrühren. Die trockenen Zutaten hinzufügen und alles zu einem glatten Teig verrühren. 10 Minuten ruhen lassen.

Ein Stück Butter in einer Pfanne bei mittlerer Temperatur schmelzen lassen. Jeweils einen Pancake in der Mitte der Pfanne braten, bis er auf beiden Seiten goldbraun ist. Das Ganze wiederholen, bis der Teig aufgebraucht ist.

Die Pancakes eventuell mit etwas Puderzucker bestauben und mit Ahornsirup beträufeln. Man kann sie aber auch mit anderen leckeren Dingen wie Eis, Apfelmus, Sahne oder frischen Beeren servieren.

315

CAFE

BLEECKER
STREET

Food Truck Rally

GRAND ARMY PLAZA

Streetfood ist ein großer Trend in New York und ich liebe das Essen von den Straßenverkäufern. Es ist praktisch und schmeckt gut. In New York gibt es jede Menge Food Trucks und über die sozialen Medien kann man sich leicht über deren Standorte informieren. Hamburger, Tacos und Pizza gibt es dabei en masse, aber in vielen Variationen. Die Imbissstände bieten Essen aus der ganzen Welt an. Zu meiner großen Freude gibt es hier auch Trucks mit einem großen Angebot an Süßspeisen.

Mitten in Brooklyn, auf der Grand Army Plaza, versammeln sich an Sonntagen je nach Wetter viele Food Trucks mit herzhaften und süßen Speisen zur »Food Truck Rally«. Hier war ich einen ganzen Tag und habe gigantische Eis-Sandwiches, herzhafte Gerichte, selbst gemachte Limonade, Cookies mit ungewöhnlichem Geschmack und Cupcakes probiert. Danach bin ich fast nach Hause gekrochen – unglaublich satt, zufrieden und glücklich nach einem Tag im Paradies.

Davon inspiriert habe ich Rezepte für Cookies und Eis zusammengestellt. Machen Sie es wie ich: Bauen Sie aus der ganzen Herrlichkeit einen Eisturm.

COCC

SALTED C

ES • COCONUT COOKIES
PEANUT CHOCOLATE CHIP COOKIES • PEANUT CHOCOLATE CHIP COOKIES • PEANUT CHOCOLATE CHIP COOKIES
LIQUORICE ICE CREAM
THE PIE TRUCK
LIQUORICE ICE CREAM • LIQUORICE ICE CREAM
CREAM • SALTED CARAMEL ICE CREAM
dub
NUTELLA ROCKY ROAD • NUTELLA ROCKY ROAD • NUTELLA ROCKY ROAD
OOKIES • CARDAMOM COOKIES
COCONUT COOKIES • COCONUT COOKIES • COCONUT COOKIES • COCONUT COOKIES
FRESH BAKED
CARDAMOM COOKIES • CARDAMOM COOKIES
PEANUT CHOCOLATE CHIP COOKIES • PEANUT CHOCOLATE CHIP COOKIES
LIQUORICE ICE CREAM • LIQUORICE ICE CREAM
#WEKEEPITREAL
carpe DONUT

COCONUT COOKIES

ETWA 15 COOKIES
160 g Weizenmehl
3 g Natron (½ TL)
2 g Salz (¼ TL)
5 g Vanillezucker (½ EL)
120 g zimmerwarme Butter
110 g brauner Zucker
90 g Zucker
55 g Ei (1 Stück)
100 g Kokosflocken

Den Backofen auf 180 °C Umluft vorheizen. In einer Schüssel Mehl, Natron, Salz und Vanillezucker von Hand verrühren. Butter, braunen Zucker und Zucker in einer anderen Schüssel luftig schlagen. Das Ei unterheben.

Die trockenen Zutaten hinzufügen und alles zu einem Teig verkneten. Zum Schluss die Kokosflocken unterheben. Den Teig in etwa 15 gleich große Stücke teilen, diese zu Kugeln rollen, mit ausreichendem Abstand auf ein mit Backpapier ausgelegtes Backblech legen und etwas flach drücken.

Die Kekse etwa 10 Minuten auf der mittleren Schiene backen, bis sie goldbraun sind. Die Kekse etwas abkühlen lassen und dann zum Abkühlen auf ein Kuchengitter legen. Trocken lagern.

CARDAMOM COOKIES

ETWA 20 COOKIES
200 g zimmerwarme Butter
140 g Zucker
40 ml dunkler Sirup (2 EL)
8 g Natron (1 ½ TL)
4 g gemahlener Kardamom (½ TL)
300 g Weizenmehl

Den Backofen auf 180 °C Umluft vorheizen. In einer Schüssel Butter, Zucker und Sirup verrühren. Die übrigen Zutaten hinzufügen und alles zu einem Teig verkneten.

Den Teig in etwa 20 gleich große Stücke teilen, diese zu Kugeln rollen, mit ausreichendem Abstand auf ein mit Backpapier ausgelegtes Backblech legen und etwas flach drücken.

Die Kekse 13–15 Minuten auf der mittleren Schiene des Backofens backen, bis sie goldbraun sind. Die Kekse etwas abkühlen lassen und zum Abkühlen auf ein Kuchengitter legen. Trocken lagern.

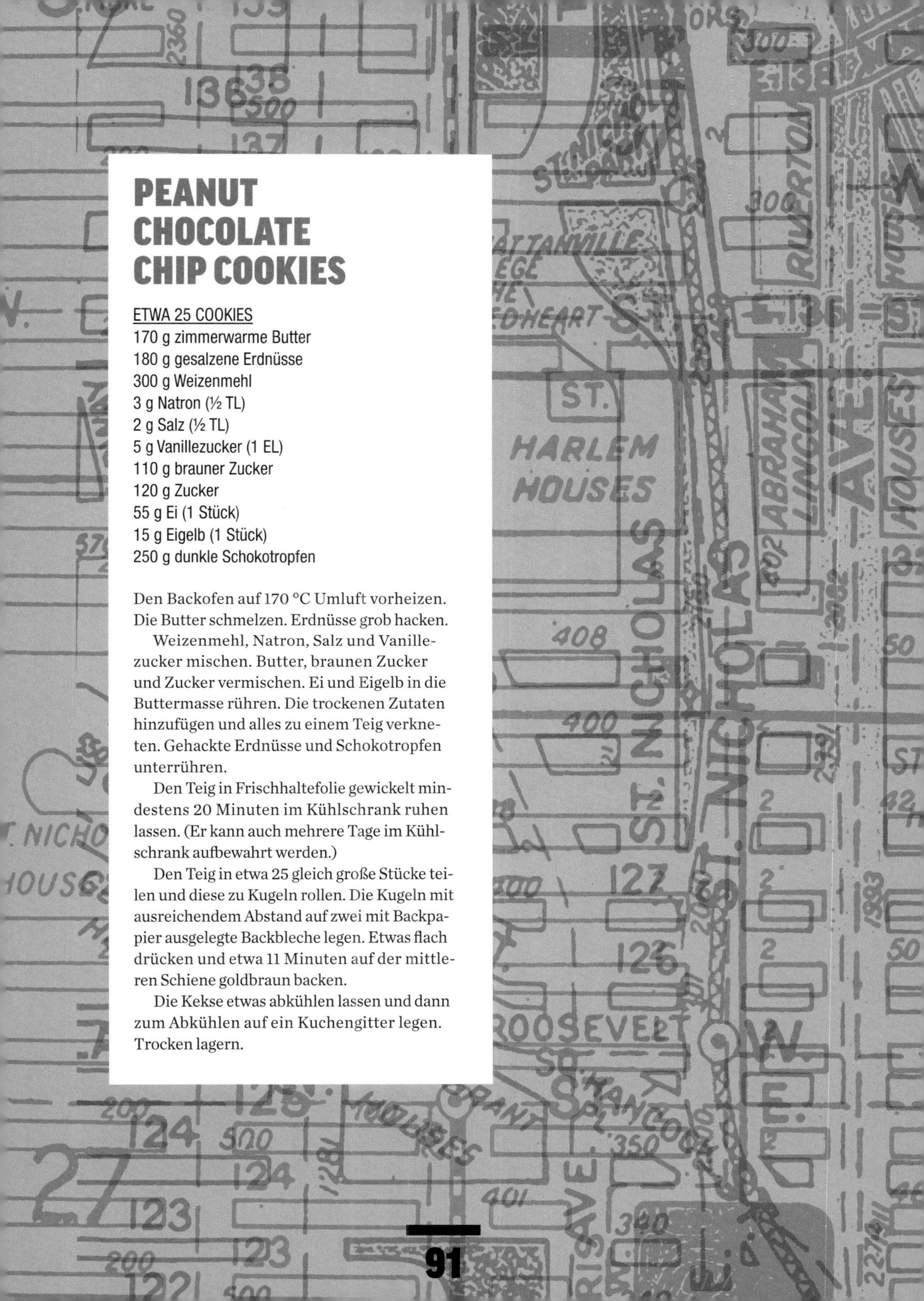

PEANUT CHOCOLATE CHIP COOKIES

ETWA 25 COOKIES
170 g zimmerwarme Butter
180 g gesalzene Erdnüsse
300 g Weizenmehl
3 g Natron (½ TL)
2 g Salz (½ TL)
5 g Vanillezucker (1 EL)
110 g brauner Zucker
120 g Zucker
55 g Ei (1 Stück)
15 g Eigelb (1 Stück)
250 g dunkle Schokotropfen

Den Backofen auf 170 °C Umluft vorheizen. Die Butter schmelzen. Erdnüsse grob hacken.

Weizenmehl, Natron, Salz und Vanillezucker mischen. Butter, braunen Zucker und Zucker vermischen. Ei und Eigelb in die Buttermasse rühren. Die trockenen Zutaten hinzufügen und alles zu einem Teig verkneten. Gehackte Erdnüsse und Schokotropfen unterrühren.

Den Teig in Frischhaltefolie gewickelt mindestens 20 Minuten im Kühlschrank ruhen lassen. (Er kann auch mehrere Tage im Kühlschrank aufbewahrt werden.)

Den Teig in etwa 25 gleich große Stücke teilen und diese zu Kugeln rollen. Die Kugeln mit ausreichendem Abstand auf zwei mit Backpapier ausgelegte Backbleche legen. Etwas flach drücken und etwa 11 Minuten auf der mittleren Schiene goldbraun backen.

Die Kekse etwas abkühlen lassen und dann zum Abkühlen auf ein Kuchengitter legen. Trocken lagern.

NUTELLA ROCKY ROA

Rocky Road ist genau das, wonach es sich anhört – ein unebener Weg. Aber die Unebenheiten in diesem Eis sind äußerst lecker.

ETWA 1 LITER
200 g dunkle Schokolade (70 %)
130 g Eigelb (7 Stück)
180 g Zucker
500 ml Milch (3 %)
300 g Schlagsahne
3 g Salz (½ TL)
100 g Nutella
Minimarshmallows und gesalzene Erdnüsse nach Geschmack

Die Schokolade hacken und in eine Schüssel geben. In einer anderen Schüssel Eigelb und 45 g Zucker leicht verrühren.

Restlichen Zucker mit Milch, Schlagsahne und Salz aufkochen. Den Topf vom Herd nehmen und die warme Flüssigkeit langsam und vorsichtig in die Schüssel mit Eigelb und Zucker gießen. Alles wieder in den Topf geben und die Mischung unter ständigem Rühren auf 85 °C erwärmen. Den Topf vom Herd nehmen, den Inhalt in die Schüssel mit der Schokolade gießen und einige Minuten stehen lassen, bis die Schokolade geschmolzen ist. Nutella hinzufügen und alles mit einem Stabmixer zu einer glatten Masse rühren.

Diese Masse durch ein Sieb in eine saubere Schüssel gießen. Mit Frischhaltefolie abdecken und die Eismasse völlig abkühlen lassen (über Nacht oder mindestens 8 Stunden im Kühlschrank ruhen lassen). Dann die Masse in die Eismaschine geben, bis sie gefriert.

Eis, Marshmallows und Erdnüsse abwechselnd in eine Form schichten und mindestens 1–2 Stunden vor dem Servieren in den Gefrierschrank stellen.

LIQUORICE ICE CREAM
SALTED CARAMEL ICE CREAM
NUTELLA ROCKY ROAD

LIQUORICE ICE CREAM

Wenn Sie Lakritze lieben, wird Ihnen dieses Eis bestimmt schmecken. Versprochen! Und um die Sache noch ein bisschen interessanter zu machen, habe ich ein wenig Türkisch Pfeffer hineingegeben.

ETWA 1 LITER
1 Vanilleschote
400 ml Milch (3 %)
300 g Schlagsahne
6 g Lakritzpulver (2 EL)
4 g Salz (½ TL)
130 g Eigelb (7 Stück)
180 g Zucker
Türkisch Pfeffer, zerkleinert
Salty Liquorice Sauce (siehe Seite 118)

Die Vanilleschote längs aufschneiden, das Mark herauskratzen und mit der Schote, Milch, Schlagsahne, Lakritzpulver und Salz in einen Topf geben.

Eigelb und 45 g Zucker leicht verrühren. Restlichen Zucker zur Milch geben und unter Rühren aufkochen. Die Schote herausnehmen und die warme Flüssigkeit langsam zum Eigelb gießen. Alles wieder in den Topf geben und die Mischung unter ständigem Rühren auf 85 °C erwärmen. (Die Temperatur ist richtig, wenn das Vanillemark nicht mehr auf den Boden sinkt.)

Die Flüssigkeit durch ein Sieb in eine saubere Schüssel gießen. Mit Frischhaltefolie abdecken und die Eismasse völlig abkühlen lassen (über Nacht oder mindestens 8 Stunden im Kühlschrank ruhen lassen).

Die Masse in die Eismaschine geben, bis sie gefriert. Eis, Türkisch Pfeffer und Lakritzsauce abwechselnd in eine Form schichten. Mindestens 1–2 Stunden vor dem Servieren in den Gefrierschrank stellen.

SALTED CARAMEL ICE CREAM

Es stimmt wirklich: Karamell und eine Prise Salz passen super zusammen.

ETWA 1 LITER

130 g Eigelb (7 Stück)
140 g Zucker
40 g Glukosesirup (2 EL)
1 Vanilleschote
400 ml Milch (3%)
300 g Schlagsahne
7 g Salz (1 TL)
150 ml Dulce de Leche
Fleur de Sel

Das Eigelb leicht verrühren. Zucker, Glukosesirup und 50 ml Wasser in einem Topf vermischen und kochen lassen, bis die Masse goldbraun ist. Die Temperatur reduzieren. Die Vanilleschote aufschneiden, das Mark herauskratzen und mit der Schote, Milch, Schlagsahne und Salz langsam und unter ständigem Rühren zur Zuckermischung hinzufügen.

Die Schote herausnehmen und die Flüssigkeit langsam zum Eigelb geben. Alles wieder in den Topf geben und unter ständigem Rühren auf 85 °C erwärmen.

Durch ein Sieb in eine Schüssel gießen. Abdecken und mindestens 8 Stunden im Kühlschrank abkühlen lassen.

Die Masse in die Eismaschine geben, bis sie gefriert. Eis und Dulce de Leche abwechselnd in eine Form schichten, mit Fleur de Sel bestreuen und mindestens 1–2 Stunden vor dem Servieren in den Gefrierschrank stellen.

NEW YORK
I ♥ NY
THE EMPIRE STATE

Il Laboratorio del Gelato

188 LUDLOW STREET

Alles begann mit einem kleinen Raum mit einem Fenster zur Orchard Street, mitten im tiefsten Chinatown. Dahin pilgerten die Leute, um Kugeleis mit perfekter Konsistenz und in neuen, lustigen, tollen und manchmal verrückten Geschmacksrichtungen zu kaufen. Hier gab es beispielsweise *Black Sesame Ice Cream* mit geröstetem schwarzem Sesam oder fantastisches Vanilleeis voll mit schwarzen Punkten der feinsten Tahiti-Vanille.

Was als Großhandel für Restaurants und Cafés begann, entwickelte sich mit der Zeit zu einer Eisbar, wo auch Privatleute die etwa 200 Geschmacksrichtungen genießen konnten, die im Eislabor kreiert wurden.

Das Eis fand reißenden Absatz. Schließlich konnte der Besitzer Jon Snyder ein Eislabor in größeren Räumlichkeiten in der Ludlow Street auf der Lower East Side eröffnen.

Das ist ein Paradies mit riesigen Mengen Eis in vielen Farben und Geschmacksrichtungen. Und hierher kommt man, um das beste Eis von New York zu essen.

STRAWBER

BLU

M • STRAWBERRY ICE CREAM
CREAM • BLUEBERRY ICE CREAM
CREAM • BANANA ICE CREAM
RASPBERRY SORBET • RASPBERRY SORBET • RASPBERRY SORBET • RASPBERRY SORBET
LEMON SORBET
LEMON SORBET • LEMON SORBET
MANGO SORBET • MANGO SORBET • MANGO SORBET
LEMON SORBET • LEMON SORBET • LEMON SORBET
il laboratorio del gelato
DARK CHOCOLATE
MEXICAN CHOCOLATE ICE CREAM • MEXICAN CHOCOLATE ICE CREAM
STRAWBERRY ICE CREAM • STRAWBERRY ICE CREAM
BLUEBERRY ICE CREAM • BLUEBERRY ICE CREAM
laboratorio del gelato
del gelato

ICE CREAM

Ein Eis geht immer, egal, wie satt man ist. Vielleicht kann man seine Gäste ja auch mit einem farbenfrohen Eisbüfett überraschen? Das kommt bei Klein und Groß an. Weitere Rezepte finden Sie auf den Seiten 94–97, 124 und 128. Rezepte für Saucen und Toppings gibt es auf den Seiten 116–119.

STRAWBERRY

ETWA 1 LITER
300 g Erdbeerpüree (gemixte frische oder aufgetaute TK-Beeren)
Saft von 2 Limetten
150 g Eigelb (8 Stück)
220 g Zucker
1 Vanilleschote
400 g Schlagsahne
300 ml Milch (3 %)

Das Erdbeerpüree durch ein Sieb in eine Schüssel streichen, um die Kerne zu entfernen. Den Limettensaft dazugießen.

Eigelb und 45 g Zucker leicht verrühren. Die Vanilleschote aufschneiden, das Mark herauskratzen und mit der Schote, restlichem Zucker, Schlagsahne und Milch in einen Topf geben. Unter ständigem Rühren aufkochen.

Die Schote herausnehmen und die warme Flüssigkeit langsam in die Schüssel mit dem Eigelb rühren. Alles wieder in den Topf geben und die Mischung unter ständigem Rühren auf 85 °C erwärmen (oder bis das Vanillemark nicht mehr auf den Boden sinkt).

Die Mischung in eine Schüssel abseihen und das Erdbeerpüree unterrühren. Mit Frischhaltefolie abdecken und die Eismasse vollständig abkühlen lassen. (Für eine noch bessere Konsistenz über Nacht im Kühlschrank ruhen lassen.)

Die Masse in die Eismaschine geben, bis sie gefriert. Das Eis in eine Form geben und mindestens 1–2 Stunden vor dem Servieren in den Gefrierschrank stellen.

BLUEBERRY

ETWA 1 LITER
300 g TK-Blaubeeren, aufgetaut
265 g Zucker
Saft von 1 Zitrone
150 g Eigelb (8 Stück)
1 Vanilleschote
400 g Schlagsahne
300 ml Milch (3 %)

Die Beeren mixen und durch ein Sieb in einen kleinen Topf streichen. 45 g Zucker, Zitronensaft und 50 ml Wasser hinzufügen und alles schnell erhitzen. Den Topf zur Seite stellen.

Eigelb und 45 g Zucker leicht verrühren. Die Vanilleschote längs aufschneiden, das Mark herauskratzen und mit der Schote, restlichem Zucker, Schlagsahne und Milch in einen Topf geben. Unter ständigem Rühren aufkochen.

Den Topf vom Herd nehmen, die Schote herausnehmen und die warme Flüssigkeit langsam und vorsichtig in die Schüssel mit dem Eigelb rühren. Alles wieder in den Topf geben und die Mischung unter ständigem Rühren auf 85 °C erwärmen (oder bis das Vanillemark nicht mehr auf den Boden sinkt).

Die Mischung in eine neue Schüssel abseihen und das Beerenpüree unterrühren. Mit Frischhaltefolie abdecken und die Eismasse vollständig abkühlen lassen. (Für eine noch bessere Konsistenz über Nacht im Kühlschrank ruhen lassen.)

Die Masse in die Eismaschine geben, bis sie gefriert. Das Eis in eine Form geben und mindestens 1–2 Stunden vor dem Servieren in den Gefrierschrank stellen.

BANANA

ETWA 1 LITER
3 Bananen
75 g brauner Zucker
30 g Butter (2 EL)
Saft von 1 Zitrone
1 Vanilleschote
500 ml Milch (3 %)
200 g Schlagsahne
130 g Eigelb (7 Stück)
135 g Zucker

Die Bananen je in vier Teile teilen. Braunen Zucker und Butter in einer Pfanne bei mittlerer Temperatur erwärmen, bis der Zucker geschmolzen ist. Die Bananen in die Pfanne legen, den Zitronensaft dazugießen und alles einige Minuten köcheln lassen. Die Pfanne von Zeit zu Zeit leicht schütteln, damit die Bananen gleichmäßig karamellisiert werden. Die Pfanne zur Seite stellen.

Die Vanilleschote aufschneiden, das Mark herauskratzen und mit der Schote, Schlagsahne und Milch in einen Topf geben.

Eigelb und 45 g Zucker leicht verrühren. Den restlichen Zucker in den Topf geben und unter Rühren aufkochen.

Die Schote herausnehmen und die warme Flüssigkeit langsam in die Schüssel mit dem Eigelb rühren. Alles wieder in den Topf geben und die Mischung unter ständigem Rühren auf 85 °C erwärmen (oder bis das Vanillemark nicht mehr auf den Boden sinkt).

Die Eismischung in eine neue Schüssel abseihen. Bananen hinzufügen und alles zu einer glatten Masse pürieren. Abdecken und die Eismasse vollständig abkühlen lassen. (Für eine noch bessere Konsistenz über Nacht im Kühlschrank ruhen lassen.)

Die Masse in die Eismaschine geben, bis sie gefriert. Das Eis in eine Form geben und mindestens 1–2 Stunden vor dem Servieren in den Gefrierschrank stellen.

MEXICAN CHOCOLATE

ETWA 1 LITER
200 g dunkle Schokolade (70 %) –
100 g dunkle Schokolade, grob gehackt
130 g Eigelb (7 Stück)
180 g Zucker
400 ml Milch (3 %)
300 g Schlagsahne
3 g Salz (½ TL)
5 g Zimt (1 TL)
2 g Cayennepfeffer (½ TL)
50 ml starker Kaffee

Die Schokolade hacken und in eine Schüssel geben. Eigelb und 45 g Zucker leicht verrühren. Restlichen Zucker mit Milch, Schlagsahne, Salz, Zimt, Cayennepfeffer und Kaffee aufkochen.

Die warme Flüssigkeit langsam in die Schüssel mit dem Eigelb geben. Alles wieder in den Topf geben und unter ständigem Rühren auf 85 °C erwärmen.

Den Inhalt in die Schüssel mit der Schokolade gießen und einige Minuten stehen lassen, bis die Schokolade geschmolzen ist. Mit einem Stabmixer zu einer glatten Masse verrühren. Die Masse in eine saubere Schüssel abseihen und mit Frischhaltefolie abdecken. Die Eismasse vollständig abkühlen lassen (oder für eine noch bessere Konsistenz über Nacht im Kühlschrank ruhen lassen).

Die Masse in die Eismaschine geben, bis sie gefriert. Eis und gehackte dunkle Schokolade abwechselnd in eine Form schichten und mindestens 1–2 Stunden vor dem Servieren in den Gefrierschrank stellen.

SORBETS

Gibt es etwas Erfrischenderes als ein leckeres Sorbet? Manchmal habe ich einfach riesengroßen Appetit darauf. Dann muss ich die Eismaschine hervorholen und loslegen. Sorbet besteht eigentlich nur aus Obstsaft, Wasser und Zucker. Dabei hängt die Konsistenz von der richtigen Zuckermenge ab. Bei zu viel Zucker gefriert das Sorbet nicht richtig und enthält es zu wenig Zucker, bilden sich Eiskristalle.

RASPBERRY

ETWA 1 LITER
450 g Himbeerpüree
(gemixte frische oder aufgetaute TK-Himbeeren)
120 g Zucker
30 g Glukosesirup (1 ¼ EL)
30 ml frisch gepresster Zitronensaft
(von etwa 1 Zitrone)

Das Himbeerpüree durch ein Sieb in eine Schüssel streichen, um die Kerne zu entfernen. Zucker, Glukosesirup, Zitronensaft und 150 ml Wasser in einem Topf aufkochen, bis der Zucker sich aufgelöst hat. Das Himbeerpüree untermischen und die Masse vollständig abkühlen lassen.

Die Masse in eine Eismaschine geben, bis sie eine feste Konsistenz hat. Das fertige Sorbet in eine Form geben und mindestens 1–2 Stunden vor dem Servieren in den Gefrierschrank stellen.

MANGO

ETWA 1 LITER
450 g Mangopüree (gemixte frische oder aufgetaute TK-Mangowürfel)
120 g Zucker
30 g Honig (1 ½ EL)
30 ml Zitronensaft (von etwa 1 Zitrone)

Das Mangopüree durch ein Sieb passieren, um eventuell verbliebene Stücke zu entfernen. Zucker, Honig, Zitronensaft und 200 ml Wasser in einem Topf aufkochen, bis der Zucker sich aufgelöst hat. Mangopüree untermischen und die Masse ganz abkühlen lassen.

Die Masse in eine Eismaschine geben, bis sie eine feste Konsistenz hat. Das fertige Sorbet in eine Form geben und mindestens 1–2 Stunden vor dem Servieren in den Gefrierschrank stellen.

LEMON

ETWA 1 LITER
150 ml Milch (3 %)
170 g Zucker
45 g Glukosesirup (2 EL)
300 ml Zitronensaft

Milch, Zucker, Glukosesirup und 150 ml Wasser aufkochen. Die Mischung ganz abkühlen lassen, dann den Zitronensaft unterrühren.

Die Masse in eine Eismaschine geben, bis sie eine feste Konsistenz hat. Das fertige Sorbet in eine Form geben und mindestens 1–2 Stunden vor dem Servieren in den Gefrierschrank stellen.

99665
www.dunbararmored.com
Dunbar

Hamilton’s Soda Fountain

51 BANK STREET

Das Schöne an New York ist, dass man ständig neue interessante Restaurants und Cafés entdecken kann. Wenn mir der Stress auf den Straßen um den Broadway und in Midtown zu viel wird, fliehe ich oft nach Greenwich Village und laufe dort einfach herum. Hier in Lower Manhattan findet man Ruhe, nette Bars, Cafés und einige richtig gute Restaurants.

Als ich das letzte Mal in Greenwich Village war, habe ich ein neues Lieblingscafé entdeckt: »Hamilton’s Soda Fountain & Luncheonette«. In diesem in herrlichem Lindgrün gehaltenen gemütlichen Bistro mit viel Marmor fühlt man sich in das New York der 1940er-Jahre versetzt. Hier kann man auf hohen Barhockern in erstklassigen Milchshakes, perlenden Sodafloats und leckeren Sundaes schwelgen und Grilled-Cheese-Sandwiches genießen. Wer darüber hinaus Limonade ohne Farbstoffe und mit Aromen aus guten Rohstoffen sucht, der ist hier genau richtig.

MERINGUES • FRENCH MERINGUES
CHUNKY CHOCOLATE SUNDAE • CHUNKY CHOCOLATE SUNDAE • CHUNKY CHOCOLATE SUNDAE • CHUNKY CHOCOLATE SUNDAE
DULCE DE LECHE • DULCE DE LECHE
DULCE DE LECHE • DULCE DE LECHE • DULCE DE LECHE
PCORN • SALTED CARAMEL POPCORN
CORNFLAKES CRUNCH • CORNFLAKES CRUNCH • CORNFLAKES CRUNCH
UNDAE • RASPBERRY SWISS SUNDAE
ALMOND NESTS • ALMOND NESTS • ALMOND NESTS
BLUEBERRY SAUCE • BLUEBERRY SAUCE • BLUEBERRY SAUCE
CARAMELIZED NUTS • CARAMELIZED NUTS
SWISS MERINGUES • SWISS MERINGUES
SODA FOUNTAIN
Hamilton's

SUNDAES

Sundaes sind einfach Eisbecher, also Eis mit leckeren Beilagen. Ich habe zwei köstliche Varianten ausgewählt, aber man kann sie natürlich zusammenstellen, wie man mag. Möchten Sie verschiedene Eissorten haben? Und dazu mehrere Saucen und Toppings auf einmal? Gut, dann haben Sie das Konzept der Sundaes verstanden. Eisrezepte finden Sie auf den Seiten 94–97, 104–105 sowie 124 und 128. Rezepte für Saucen und Toppings gibt es auf den Seiten 116–119.

CHUNKY CHOCOLATE SUNDAE

Mexican Chocolate Ice Cream (siehe Seite 105)
Brownie Cheesecake Swirl (siehe Seite 162)
Chocolate Sauce (siehe Seite 119)
Salted Caramel Popcorn (siehe Seite 116)

RASPBERRY SWISS SUNDAE

Vanilleeis (siehe Seite 128)
Meringues (siehe Seite 117)
Raspberry Sauce (siehe Seite 119)
Almond Crumble (siehe Seite 117)

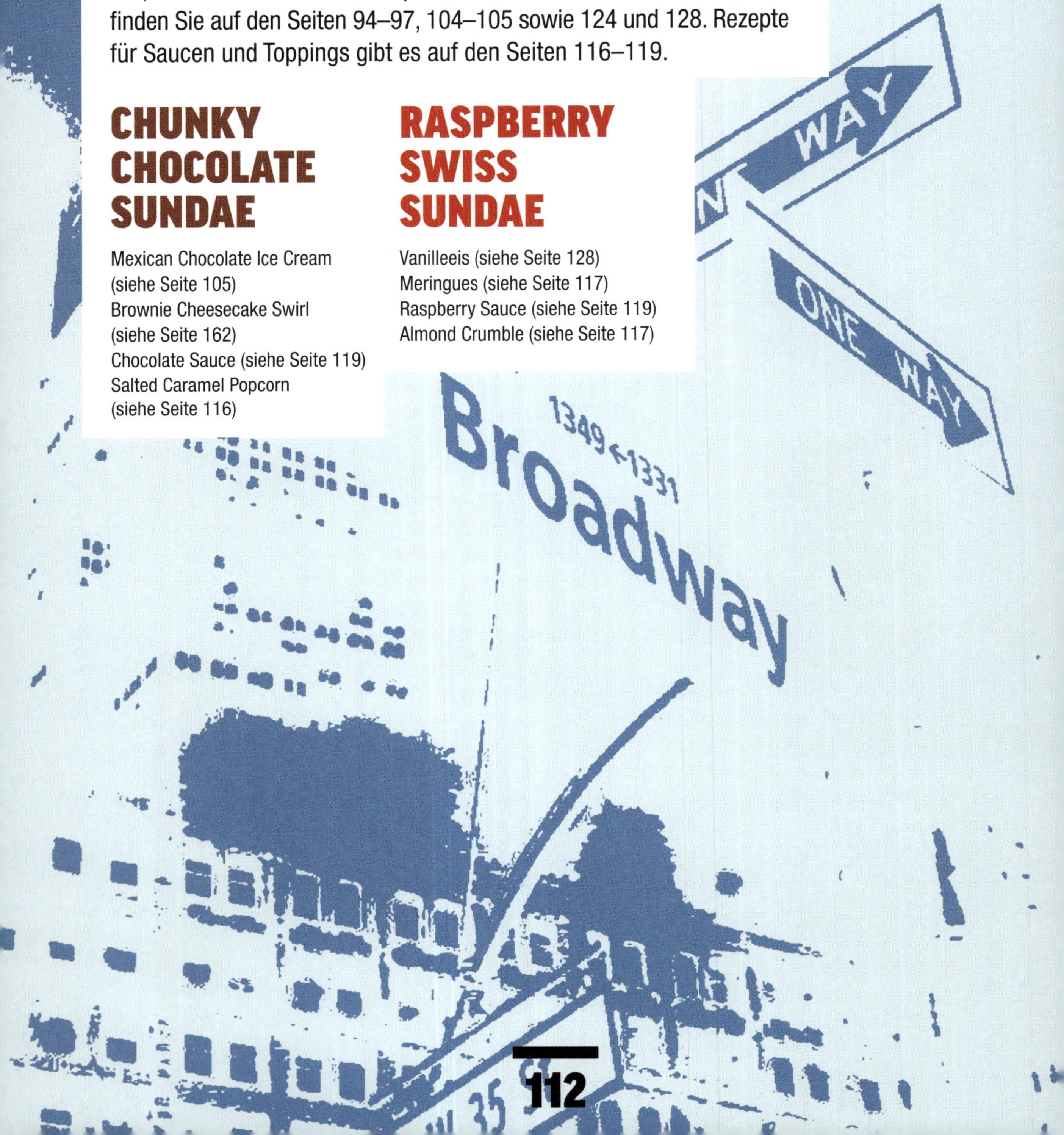

TOPPINGS AND MORE

Auf diesen Seiten finden Sie alles, was Sie brauchen, um Ihr Eisdessert zu etwas Besonderem zu machen: knusprige Toppings, leckere Saucen und andere tolle Beilagen.

CARAMELIZED NUTS

200 g ganze Nüsse (Pekannüsse oder andere)
170 g Zucker
30 g Butter (2 EL)

Den Backofen auf 180 °C Umluft vorheizen. Die Nüsse auf ein mit Backpapier belegtes Backblech legen und 8–10 Minuten im Backofen rösten, bis sie etwas Farbe angenommen haben. Zwischendurch wenden.

Zucker und 100 ml Wasser in einer Pfanne zu einer goldbraunen Karamellmasse kochen. Nüsse und Butter hinzufügen und vorsichtig mit einem Holzlöffel umrühren, bis die Butter geschmolzen ist.

Die Mischung auf Backpapier geben und die Nüsse so gut es geht voneinander trennen. Vorsicht, sehr heiß! Abkühlen lassen und die Nüsse bei Bedarf grob hacken. In einer luftdichten Dose aufbewahren.

SALTED CARAMEL POPCORN

100 ml Pflanzenöl
50 g Popcornmais
80 g Butter
90 g Zucker
20 g Honig (1 EL)
Fleur de Sel nach Geschmack

Das Pflanzenöl in einem Topf bei mittlerer Temperatur erwärmen. Zwei Maiskörner hineingeben und warten, bis sie aufgepoppt sind – dann den Rest der Körner hinzufügen. Den Topf mit einem Deckel verschließen und vorsichtig auf dem Herd rütteln, bis das Popcorn fertig ist.

Popcorn in eine Schale geben und die ungepoppten Kerne entfernen. Butter, Zucker und Honig in einem Topf bei mittlerer Temperatur erwärmen, bis eine goldbraune Karamellmasse entstanden ist.

Den Topf vom Herd nehmen, Popcorn in die Masse geben und umrühren. Popcorn auf ein mit Backpapier belegtes Blech geben und mit Fleur de Sel bestreuen. Abkühlen lassen und in einer luftdichten Dose aufbewahren.

ALMOND CRUMBLE

100 g zimmerwarme Butter
45 g Zucker
120 g Weizenmehl
60 g Mandelmehl
10 g Vanillezucker (1 EL)

Den Backofen auf 180 °C Umluft vorheizen. Alle Zutaten in einer Schüssel vermischen und mit den Fingerspitzen zu einem Streuselteig verarbeiten.

Den Teig auf ein mit Backpapier belegtes Blech streuen und 10–12 Minuten backen. Vollständig abkühlen lassen und in einer luftdichten Dose aufbewahren.

CORNFLAKES CRUNCH

100 g Butter
150 g Cornflakes
45 g Zucker
10 g Vanillezucker (1 EL)
7 g Salz (1 TL)

Den Backofen auf 160 °C Umluft vorheizen. Die Butter schmelzen. Cornflakes, Zucker, Vanillezucker und Salz vermischen und die Cornflakes leicht mit den Händen zerkrümeln. Die Butter unterrühren.

Die Mischung gleichmäßig auf ein mit Backpapier belegtes Blech streuen und etwa 20 Minuten im Backofen rösten. Vollständig abkühlen lassen und in einer luftdichten Dose aufbewahren.

FRENCH MERINGUES

25–30 KLEINE MÜRBE BAISERS
100 g Eiweiß (etwa 3 Stück)
200 g Zucker
1 TL frisch gepresster Zitronensaft

Den Backofen auf 90 °C Umluft vorheizen. Eiweiß und etwas Zucker zu Eischnee schlagen. Etwa ein Viertel des restlichen Zuckers darüberstreuen und weiterschlagen. Die gleiche Menge Zucker einstreuen und weiterschlagen. Restlichen Zucker und Zitronensaft dazugeben und schlagen, bis sich eine feste Masse gebildet hat.

Kleine Baisers auf ein mit Backpapier ausgelegtes Backblech spritzen. Auf der mittleren Schiene etwa 1 Stunde backen, bis die Baisers trocken sind. Nach etwa 30 Minuten die Ofentür kurz öffnen, um etwas Feuchtigkeit abzulassen. In einer Dose aufbewahren.

SWISS MERINGUES

ETWA 12 GROSSE WEICHE BAISERS
75 g dunkle Schokolade (55–70 %)
100 g Eiweiß (3 Stück)
220 g Zucker
30 g Haselnussmehl

Den Backofen auf 120 °C Umluft vorheizen. Schokolade hacken und vorsichtig im Wasserbad schmelzen.

Eiweiß und Zucker in einer Metallschüssel verrühren. Auf einem Topf mit leicht siedendem Wasser auf 55–60 °C erwärmen. Ab und zu umrühren, bis sich die Zuckerkristalle aufgelöst haben.

Vom Topf nehmen. Die Masse mit dem Handmixer schlagen, bis sie Zimmertemperatur und eine feste Konsistenz hat. Das Haselnussmehl unterheben.

Schokolade hinzufügen und einige Kreise für ein marmoriertes Muster ziehen.

Mit einem Löffel Baisers auf ein mit Backpapier belegtes Blech legen. 35–40 Minuten auf der mittleren Schiene backen. Sie sollen in der Mitte noch etwas weich sein. Ganz abkühlen lassen und trocken aufbewahren.

MINI PAVLOVAS

<u>ETWA 12 BAISERS</u>
120 g Eiweiß (3 Stück)
135 g Zucker
5 g Weißweinessig (½ TL)
5 g Maisstärke (½ EL)

Den Backofen auf 170 °C Umluft vorheizen. Das Eiweiß zu einem festen Schaum schlagen. Den Zucker unter ständigem Schlagen langsam einrieseln lassen. Essig und Maisstärke hinzufügen und unterheben, bis alles gut vermischt ist.

Mit einem Löffel etwa zwölf gleich große Baisers auf ein mit Backpapier belegtes Blech legen und mit dem Löffel kleine Vertiefungen hineindrücken.

Auf die mittlere Schiene schieben. Die Temperatur auf 120 °C reduzieren. 40 Minuten backen, dann den Ofen ausschalten und das Blech noch 15–20 Minuten im Ofen lassen. Die Baisers herausnehmen, abkühlen lassen und trocken aufbewahren.

ALMOND CUPS

<u>8–10 MANDELKÖRBCHEN</u>
100 g Mandelsplitter
100 g Butter
90 g Zucker
25 g Glukosesirup oder Honig (1 EL)
25 g Schlagsahne (etwa 2 EL)
20 g Weizenmehl (2 EL)

Den Backofen auf 175 °C Umluft vorheizen. Die Mandelsplitter grob hacken und beiseitelegen. Butter, Zucker, Glukosesirup, Schlagsahne und Mehl in einem Topf mischen. Erwärmen, bis die Butter geschmolzen ist, und dann 1–2 Minuten unter ständigem Rühren köcheln lassen. Die Mandelsplitter unterheben und den Topf vom Herd nehmen.

Mit großem Abstand voneinander jeweils einen Esslöffel der Masse auf ein mit Backpapier ausgelegtes Backblech geben. Etwa 5 Minuten auf der mittleren Schiene backen, bis die Plätzchen goldbraun sind. Einige Minuten abkühlen lassen.

Ein Plätzchen abheben und über einer umgedrehten Muffinform oder einem kleinen Trinkglas vorsichtig zu einem Körbchen formen. Das Ganze schnell mit den anderen Plätzchen wiederholen. Die Körbchen einige Minuten fest werden lassen. Dann abnehmen und trocken aufbewahren. Möglichst noch am gleichen Tag essen.

DULCE DE LECHE

1 Dose gezuckerte Kondensmilch

Die ungeöffnete Dose 2–3 Stunden in einem Topf mit Wasser köcheln lassen. Darauf achten, dass die Dose ganz mit Wasser bedeckt ist. Die Dose, die jetzt eine herrliche Karamellsauce enthält, herausnehmen und vor dem Öffnen vollständig abkühlen lassen.

SALTY LIQUORICE SAUCE

50 g Glukosesirup (2 EL)
90 g Zucker
100 g Schlagsahne
25 g Butter
7 g Salz (1 TL)
etwa 35 g Lakritzpaste (Lakritzpulver in flüssiger Form)

Den Glukosesirup in einem Topf mit dickem Boden erwärmen und den Zucker langsam einrieseln lassen. Erwärmen, bis alles geschmolzen und goldbraun ist. Ab und zu umrühren. Langsam die Schlagsahne einrühren.

Vom Herd nehmen, Butter und Salz unterrühren und die Sauce ganz abkühlen lassen. Die Lakritzpaste nach Geschmack hinzufügen.

CHOCOLATE SAUCE

40 g Kakaopulver
170 g Zucker
4 g Salz

Kakaopulver, Zucker, Salz und 250 ml Wasser in einem Topf aufkochen. Unter ständigem Rühren köcheln lassen, bis die Schokoladensauce eine schöne Konsistenz hat. Abkühlen lassen.

BUTTERSCOTCH SAUCE

1 Vanilleschote
100 g Butter
50 ml heller Sirup
90 g Zucker
250 g Schlagsahne

Die Vanilleschote längs aufschneiden, das Mark herauskratzen und mit der Schote in einen Topf geben. Butter, Sirup, Zucker und Schlagsahne hinzufügen. Alles unter Rühren aufkochen und die Sauce einige Minuten köcheln lassen, bis sie eine cremige Konsistenz hat. Die Vanilleschote herausnehmen und die Sauce abkühlen lassen.

BLUEBERRY SAUCE

300 g Blaubeerpüree (gemixte frische oder aufgetaute TK-Blaubeeren)
90 g Zucker
Saft von 1 Zitrone

Das Blaubeerpüree durch ein Sieb in einen Topf streichen. Zucker, Zitronensaft und 50 ml Wasser unterrühren und aufkochen lassen. Von Zeit zu Zeit umrühren. Zur Seite stellen und vor dem Servieren vollständig abkühlen lassen.

RASPBERRY SAUCE

300 g Himbeerpüree (gemixte frische oder aufgetaute TK-Himbeeren)
90 g Zucker
30 ml frisch gepresster Limettensaft (etwa von 2 Limetten)

Das Himbeerpüree durch ein Sieb in einen Topf streichen. Zucker, Limettensaft und 50 ml Wasser unterrühren und aufkochen lassen. Von Zeit zu Zeit umrühren. Zur Seite stellen und vor dem Servieren vollständig abkühlen lassen.

STRAWBERRY SAUCE

300 g Erdbeerpüree (gemixte frische oder aufgetaute TK-Erdbeeren)
90 g Zucker
Saft von 1 Zitrone

Das Erdbeerpüree durch ein Sieb in einen Topf streichen. Zucker, Zitronensaft und 50 ml Wasser unterrühren und aufkochen lassen. Von Zeit zu Zeit umrühren. Zur Seite stellen und vor dem Servieren vollständig abkühlen lassen.

TOFFEE SAUCE

100 g Vollmilchschokolade
150 g Schlagsahne
75 g Butter
75 g brauner Zucker
3 g Salz (½ TL)

Die Schokolade hacken und in eine Schüssel geben. Schlagsahne, Butter und braunen Zucker in einem Topf mischen und unter Rühren aufkochen lassen. Einige Minuten köcheln lassen und dann die Mischung über die Schokolade gießen. Das Salz hinzufügen und alles zu einer gleichmäßigen Sauce verrühren. Abkühlen lassen.

西安名吃
Xi'an Famous Foods
ICE CREAM
FACTORY
65 BAYARD STREET
69A
21世紀美容中心
SAI KAY 21 BEAUTY SKIN CARE CENTER

CORNFLAK

Momofuku Milk Bar

15 W 56TH STREET • 561 COLUMBUS AVENUE • 251 E 13TH STREET
382 METROPOLITAN AVENUE • 360 SMITH STREET

Die »Momofuku Milk Bar« ist zu einer Institution geworden. Nicht, weil es sie schon ewig geben würde, sondern eher, weil sie bei jedem Gespräch mit New Yorker Dessertfans eine Rolle spielt.

Sie wurde 2004 von dem leicht verrückten, aber genialen Koch David Chang im East Village als Nudelbar gegründet. Einige Jahre später eröffnete die Konditorin Christina Tosi zusammen mit David eine Schwesterfirma – die Bäckerei »Milk Bar« –, die schnell zu einem der angesagtesten Cafés wurde und an der die Leute abends und an den Wochenenden Schlange standen. Hierher kommen die Leute, um spektakuläre Torten mit interessanten Geschmacksrichtungen und Formen zu kaufen, sowie Kekse mit Geschmackskombinationen, von denen man nicht glauben würde, dass sie zusammenpassen.

Aber vor allem kommen die Leute her, um Softeis mit dem Geschmack von Frühstücksflocken zu essen. Und weil ich dieses Eis einfach nur liebe, habe ich eine Variante entwickelt, damit ich es auch zu Hause essen kann. Probieren Sie es einfach selbst aus!

M

M • CORNFLAKES ICE CREAM
MATCHA CHEESECAKE • MATCHA CHEESECAKE • MATCHA CHEESECAKE • MATCHA CHEESECAKE • MATCHA CHEESECAKE
CORNFLAKES ICE CREAM
CORNFLAKES ICE CREAM
TARTS • CHINESE EGG TARTS
milk
CHINESE EGG TARTS • CHINESE EGG TARTS • CHINESE EGG TARTS
ECAKE • MATCHA CHEESECAKE
CORNFLAKES ICE CREAM • CORNFLAKES ICE CREAM
DEEP FRIED ICE CREAM • DEEP FRIED ICE CREAM • DEEP FRIED ICE CREA
MATCHA CHEESECAKE • MATCHA CHEESECAKE • MATCHA CHEESECAK
DEEP FRIED ICE CREAM •DEEP FRIED ICE CREAM • DEEP FRIED ICE CREAM

CORNFLAKE ICE CREAM

Das ist das beliebteste Eis der »Momofuku Milk Bar«. Eine brillante Idee! Wir haben sicher alle schon mal Cornflakes gegessen und den Rest Milch aus dem Teller geschlürft. Genauso schmeckt dieses Eis. Himmlisch!

- 700 ml Milch (3 %)
- 300 g Schlagsahne
- 50 g Cornflakes
- 130 g Eigelb (7 Stück)
- 140 g Zucker
- Cornflakes Crunch zum Bestreuen (siehe Seite 117)

Milch, Schlagsahne und Cornflakes vermischen und mindestens 2 Stunden in den Kühlschrank stellen (je länger, desto mehr Geschmack).

Die Flüssigkeit in einen Topf abseihen. Eigelb und 45 g Zucker leicht verrühren. Restlichen Zucker in den Topf geben und unter Rühren aufkochen. Vom Herd nehmen und die warme Flüssigkeit langsam in die Schüssel mit dem Eigelb rühren. Alles wieder in den Topf geben und die Mischung unter ständigem Rühren auf 85 °C erwärmen.

Die Mischung in eine Schüssel abseihen, abdecken und die Eismasse vollständig abkühlen lassen. (Für eine noch bessere Konsistenz über Nacht im Kühlschrank ruhen lassen.)

Die Masse in die Eismaschine geben, bis sie gefriert. Das Eis in eine Form geben und mindestens 1–2 Stunden vor dem Servieren in den Gefrierschrank stellen.

CHINESE

EGG TARTS

Eine zarte Creme, die in einer knusprigen Mürbeteigschale gebacken wird – das ist die Egg Tart. Man kann sie nach dem Grundrezept zubereiten, aber auch abwandeln, beispielsweise mit Maracuja oder Matcha.

ETWA 15 TÖRTCHEN

MÜRBETEIGBÖDEN

60 g Puderzucker
180 g Weizenmehl
120 g zimmerwarme Butter
15 g Eigelb (1 Stück)

FÜLLUNG

120 g Eier (2 Stück)
30 g Eigelb (2 Stück)
90 g Zucker
5 g Vanillezucker (½ EL)
250 ml Milch (3 %)

Mürbeteigböden Alle Zutaten in eine Schüssel geben und mit den Fingerspitzen zu einem gleichmäßigen Teig verarbeiten. (Der Teig lässt sich auch in einer Küchenmaschine kneten.) Den Teig in Frischhaltefolie gewickelt 30 Minuten im Kühlschrank ruhen lassen.

Zu einer etwa 3 mm dicken Platte ausrollen und mit einem Ausstecher oder Glas (Ø 8–9 cm) etwa 15 Kreise ausstechen. Runde Aluminiumformen (Ø 7–8 cm) bis über den Rand mit dem Teig auskleiden. Überflüssigen Teig abschneiden. Mit einer Gabel einige Löcher in die Böden stechen. Die Formen 30 Minuten in den Gefrierschrank stellen und den Backofen auf 180 °C Umluft vorheizen.

Die Formen etwa 10 Minuten auf der mittleren Schiene backen, bis die Teigböden etwas Farbe angenommen haben. (Falls sich Blasen bilden, aus dem Ofen nehmen und vorsichtig mit dem Finger glatt drücken.) Abkühlen lassen. (Übrig gebliebener Teig kann im Kühlschrank oder Gefrierschrank aufbewahrt werden.)

Füllung Den Backofen auf 165 °C Umluft vorheizen. Eier, Eigelb und Zucker verrühren. Vanillezucker und Milch unterrühren und die Füllung in eine Schüssel abseihen.

Die Mürbeteigformen bis zum Rand füllen und die Tarts auf der unteren Schiene etwa 15 Minuten backen. Die Füllung soll nicht ganz fest sein. Falls sie noch flüssig ist, die Tarts nochmals einige Minuten in den Backofen stellen.

DEEP FRIED ICE CREAM

Dieses Eis ist einfach, aber unglaublich lecker. Die Eisbomben können mehrere Tage im Voraus vorbereitet, dann schnell frittiert und genossen werden. Natürlich können Sie auch einen anderen Geschmack wählen oder fertiges Eis hoher Qualität kaufen. Bei diesem Rezept bleibt etwas Vanilleeis übrig. Daraus lässt sich beispielsweise schnell ein Sundae zubereiten (siehe Seite 112).

ETWA 1 LITER
VANILLEEIS
210 g Zucker
120 g Eigelb (8 Stück)
2 Vanilleschoten
500 g Schlagsahne
400 ml Milch (3 %)

ETWA 3 PORTIONEN
EISBOMBEN
500 g Vanilleeis
150 g Cornflakes Crunch (siehe Seite 117, oder fertige Frosties)
35 g Kokosflocken
3 g Zimt (½ TL)
165 g Eier (3 Stück)
1 l Pflanzenöl zum Frittieren
eventuell frische Beeren zum Servieren

Vanilleeis Zucker und Eigelb verrühren. Die Vanilleschoten aufschneiden, das Mark herauskratzen und mit den Schoten, Schlagsahne und Milch in einen Topf geben.

Unter Rühren aufkochen lassen, dann mit den anderen Zutaten vermischen. Alles wieder in den Topf geben und unter ständigem Rühren auf 85 °C erwärmen (oder bis das Vanillemark nicht mehr auf den Boden sinkt).

Vanilleschoten herausnehmen und die Mischung in eine saubere Schüssel gießen. Mit Frischhaltefolie abdecken und mindestens 4 Stunden im Kühlschrank ruhen lassen – am besten aber über Nacht. So hat das Milcheiweiß mehr Zeit zum Quellen, was dem Eis eine cremigere Konsistenz verleiht. In eine Eismaschine geben und zu Eis verarbeiten.

Eisbomben Ein Tablett, das im Gefrierschrank Platz hat, mit Papier auslegen. Sechs Kugeln Eis auf das Tablett legen. Mindestens 30 Minuten in den Gefrierschrank stellen.

Cornflakes, Kokosflocken und Zimt im Mixer zerkleinern und in eine Schüssel geben. In einer anderen Schüssel die Eier leicht verschlagen. Die Eiskugeln aus dem Gefrierschrank nehmen, in die Eimasse tauchen und dann in der Krümelmasse wälzen. Erneut 30 Minuten im Gefrierschrank ruhen lassen. Das Panieren wiederholen und die Kugeln 1 Stunde in den Gefrierschrank stellen.

Das Pflanzenöl in einem Topf mit hohem Rand auf 180 °C erhitzen. Darin maximal zwei Kugeln gleichzeitig goldbraun und knusprig frittieren. Mit einem Schaumlöffel herausnehmen und einige Minuten auf Küchenpapier abtropfen lassen. Sofort servieren. Eventuell frische Beeren dazu reichen.

C

MATCHA
IESECAKE

Matchapulver ist ein pulverisierter grüner Tee. Es hat eine fantastische grüne Farbe und ist supergesund. Das ist also ein etwas gesünderer Cheesecake. (Das kann man sich ja zumindest einreden.)

10–12 STÜCKE

BODEN
- 100 g Butter
- 200 g Vollkornkekse (etwa 14 Stück)
- 30 g Zucker (2 EL)
- 10 g Vanillezucker (1 EL)

FÜLLUNG
- 900 g zimmerwarmer Frischkäse
- 250 g Zucker
- 15 g Vanillezucker (1 ½ EL)
- 30 g Weizenmehl
- 15 g Matchapulver (1 ½ EL)
- 200 g zimmerwarmer Sauerrahm
- 50 g zimmerwarme Schlagsahne
- 165 g zimmerwarme Eier (3 Stück)
- 30 g zimmerwarmes Eigelb (2 Stück)

WEISSE SCHOKOLADEN-CHANTILLY
- 150 g weiße Schokolade
- 250 g Schlagsahne

ALS DEKORATION
- Matchapulver zum Bestauben
- frische Himbeeren oder andere Beeren
- Zitronenmelisseblätter

AUSSERDEM
- Butter zum Einfetten
- Mehl zum Mehlieren

Boden Den Backofen auf 200 °C Umluft vorheizen. Eine Springform (Ø 24 cm) einfetten und die Ränder leicht mit Mehl bestauben. Den Boden mit Backpapier belegen.

Butter schmelzen und Kekse fein zerkleinern. Zucker und Vanillezucker hinzufügen und alles vermischen. Die Butter sorgfältig unterrühren.

Die Mischung gleichmäßig auf dem Boden der Form verstreichen. Die Oberfläche leicht glatt drücken und auf der mittleren Schiene 8–10 Minuten backen. Herausnehmen und vollständig abkühlen lassen.

Füllung Den Backofen auf 200 °C Umluft vorheizen. Frischkäse, Zucker, Vanillezucker, Mehl und Matcha 3–4 Minuten schaumig schlagen. Den Sauerrahm und die Schlagsahne, dann Eier und Eigelb unterheben. Sorgfältig verrühren und in die Form geben.

Den Cheesecake etwa 8 Minuten auf der mittleren Schiene backen. Die Temperatur auf 120 °C reduzieren (die Ofentür nicht öffnen) und weitere 45 Minuten backen. Den Ofen ausschalten und den Cheesecake 50 Minuten in der Nachwärme stehen lassen. Abkühlen lassen. Mindestens 6 Stunden, am besten über Nacht, in den Kühlschrank stellen.

Weiße Schokoladen-Chantilly Die Schokolade grob hacken und in eine kleine Schüssel geben. Die Sahne aufkochen und über die Schokolade gießen. Wenn die Schokolade geschmolzen ist, alles zu einer gleichmäßigen Creme verrühren. Die Schüssel mit Frischhaltefolie abdecken und über Nacht (oder mindestens 8 Stunden) im Kühlschrank ruhen lassen.

Die Creme mixen, bis sie eine feste Konsistenz hat, und dann im gewünschten Muster auf den Cheesecake spritzen. Mit Matcha bestauben und mit Beeren und Zitronenmelisseblättern dekorieren.

A SLICE C

OAT

Four & Twenty Blackbirds

439 3RD AVENUE

Ich hätte mir nie vorstellen können, was sich hinter diesem Garagentor in einer Straße im alten Hafengebiet Red Hook in Brooklyn verbirgt. Als sich das Tor öffnete, standen dort die Schwestern Melissa und Emily Elsen und begrüßten mich. Im gleichen Moment war ich von einem wunderbaren Duft von Blätterteig, Karamell, Äpfeln und Beeren umgeben. Mmh! Einfach himmlisch!

In dem ehemaligen Industrielager war eine Gruppe cooler junger Leute dabei, die perfektesten Pies zu backen, die ich je gesehen hatte.

Melissa und Emily Elsen sind in South Dakota mit einer Mutter aufgewachsen, die fantastische Pies gebacken hat. Nachdem sie Betriebswirtschaft, Kunst und Design studiert hatten, zogen sie 2010 nach New

597
A SLICE OF PIE
OAT AND CHOCOLATE PIE
STRAWBERRY PIE
PISTACHIO AND PEACH PIE • PISTACHIO AND PEACH PIE • PISTACHIO AND PEACH PIE • PISTACHIO AND PEACH PIE
RHUBARB AND ALMOND CAKE
RHUBARB AND ALMOND CAKE
PEAR AND LAVENDER PIE • PEAR AND LAVENDER PIE • PEAR AND LAVENDER PIE
RHUBARB AND RASPBERRY PIES • RHUBARB AND RASPBERRY PIES
SALTED CARAMEL APPLE PIE • SALTED CARAMEL APPLE PIE
Cinelli
STRAWBERRY PIE • STRAWBERRY PIE • STRAWBERRY PIE
RHUBARB AND ALMOND CAKE • RHUBARB AND ALMOND CAKE

RHUBARB AND ALMOND CAKE • RHUBARB AND ALMOND CAKE • RHUBARB AND ALMOND CAKE
PEAR AND LAVENDER PIE • PEAR AND LAVENDER PIE • PEAR AND LAVENDER PIE
OAT AND CHOCOLATE PIE • OAT AND CHOCOLATE P
STRAWBERRY PIE
A SLICE OF PIE
SALTED CARAMEL APPLE PIE • SALTED CARAMEL APPLE PIE • SALTED CARAMEL APPLE PIE • SALTED CARAMEL APPLE PIE
A SLICE OF PIE • A SLICE OF PIE • A SLICE OF PIE • A SLICE OF PIE
PEAR AND LAVENDER PIE • PEAR AND LAVENDER PIE
STRAWBERRY PIE
RHUBARB AND RASPBERRY PIES • RHUBARB AND RASPBERRY PIES
STRAWBERRY PIE • STRAWBERRY PIE

PISTACHIO AND PEACH PIE • PISTACHIO AND PEACH PIE • PISTACHIO AND PEACH PIE

PEAR AND LAVENDER PIE • PEAR AND LAVENDER PIE

York, um beruflich etwas völlig anderes zu machen. Sie verwirklichten ihren Traum und gründeten die Bäckerei »Four & Twenty Blackbirds«.

Melissa und Emily haben natürlich auch schon vorher Pies gebacken und nach nur wenigen Jahren hatte ihre Bäckerei einen großen Kundenkreis. Zu Thanksgiving werden hier beispielsweise riesige Mengen *Pumpkin Pie* und *Sweet Potatoe Pie* gebacken.

Hier habe ich gelernt, wie man eine besonders knusprige Teighülle bäckt und richtig schicke amerikanische Pies mit Deckel und Gittermuster herstellt. Ich durfte jede Menge fantastischer Pies probieren – Schokolade, Karamell-Apfel, Vanille, Beeren, Matcha. Diese Bäckerei ist einfach toll!

Nach einem ganzen Tag in der Bäckerei bei diesen leidenschaftlichen und unglaublich netten Pie-Spezialisten spazierte ich mit vollem Magen durch das Industriegebiet bis zur Hauptstraße von Red Hook, um das zur Bäckerei gehörende Café zu besuchen. Hier saßen jede Menge Leute bei Eiskaffee und Kuchen und ich hatte das Gefühl, dass viele von ihnen Stammgäste sind. Wenn ich eine solche Bäckerei wie »Four & Twenty Blackbirds« in meiner Heimatstadt hätte, würde ich wahrscheinlich dort einziehen.

A SLICE OF

Die Galetteform ist eine einfache Art, einen Tarteboden herzustellen. Ich habe diese Galette mit Mandelcreme gefüllt und mit frischen Beeren darauf wird sie der perfekte Sommerkuchen.

8–10 STÜCKE

TEIGHÜLLE

220 g kühlschrankkalte Butter
280 g Weizenmehl
15 g Zucker (1 EL)
3 g Salz (½ TL)
1 Ei zum Bestreichen
Mandelsplitter und Perlzucker zum Bestreuen

MANDELCREME

300 g Marzipanrohmasse
100 g zimmerwarme Butter
55 g Ei (1 Stück)
30 g Weizenmehl

BEERENFÜLLUNG

100 g frische Himbeeren
10 frische Erdbeeren
150 g frische Blaubeeren
90 g Zucker
25 g Maisstärke (2 EL)

Vanilleeis (siehe Seite 128) oder Vanillesahne (siehe Seite 151) zum Servieren

Teighülle Die Butter in kleine Würfel schneiden und mit Mehl, Zucker und Salz in eine Küchenmaschine geben. 5 Sekunden bei maximaler Geschwindigkeit kneten, bis ein krümeliger Teig entstanden ist. 75 ml eiskaltes Wasser hinzufügen und weiterarbeiten, bis der Teig zusammenhält. (Man sollte immer noch kleine Butterstücke erkennen können.) Den Teig leicht zusammendrücken und in Frischhaltefolie gewickelt 1 Stunde im Kühlschrank ruhen lassen.

Mandelcreme Die Marzipanrohmasse mit der Butter in einer Schüssel von Hand zu einer glatten Creme vermischen. Ei und Mehl hinzufügen und alles gut vermengen.

Beerenfüllung Himbeeren und Erdbeeren je nach Größe einoder zweimal teilen. Zucker und Maisstärke in einer Schüssel verrühren und die Beeren vorsichtig unterheben.

Den Backofen auf 200 °C Umluft vorheizen. Den Teig zu einem Kreis (Ø etwa 30 cm) ausrollen. Auf ein mit Backpapier ausgelegtes Backblech legen. Die Mandelcreme gleichmäßig darauf verteilen, dabei einen einige Zentimeter breiten Rand frei lassen. Beeren auf die Creme streuen und den Rand umklappen.

Das Ei leicht verschlagen. Den Rand damit bestreichen. Mit Mandeln und Perlzucker bestreuen und 30–35 Minuten auf der mittleren Schiene backen, bis der Rand eine schöne Farbe hat. Lauwarm oder kalt mit Vanilleeis oder Vanillesahne servieren.

PIE

OAT AND
CHOCOLAT

Fast wie Pecan Pie – aber ohne Nüsse. Also genau das Richtige für Nussallergiker. Die gerösteten Haferflocken machen sie herrlich knusprig und die Schokoladenganache verleiht ihr einen vollen Geschmack.

10–12 STÜCKE

TEIGHÜLLE

180 g Weizenmehl
10 g Zucker (1 EL)
150 g kühlschrankkalte Butter
getrocknete Erbsen für die Form
1 Eiweiß zum Bestreichen

AUSSERDEM

Butter zum Einfetten

Teighülle Mehl und Zucker in einer Küchenmaschine mischen. Die Butter in kleinen Würfeln hinzugeben. Im Intervallbetrieb arbeiten, bis die Mischung krümelig wird. Etwa 30 ml eiskaltes Wasser in kleinen Schlucken hinzufügen und weiterarbeiten, bis der Teig zusammenhält. Bei Bedarf noch etwas Wasser dazugeben. Den Teig in Frischhaltefolie gewickelt mindestens 1 Stunde, am besten 2 Stunden, im Kühlschrank ruhen lassen.

Den Backofen auf 200 °C Umluft vorheizen. Eine runde Tarteform (Ø 24 cm) einfetten. Den Teig zu einem 3 mm dicken Kreis ausrollen und die Form damit bis etwa 1 cm über den Rand auslegen. Den überstehenden Teig am Rand zusammenrollen und in regelmäßigen Abständen eindrücken. Das ergibt einen schönen gewellten Rand (siehe Bild auf Seite 134). Den Boden einige Male mit einer Gabel einstechen und die Form 15 Minuten in den Gefrierschrank stellen.

Die Teighülle mit Backpapier auskleiden und mit den Erbsen füllen. Auf der mittleren Schiene etwa 20 Minuten vorbacken. Herausnehmen, Backpapier entfernen und die Teighülle dünn mit Eiweiß bestreichen. Weitere 5 Minuten backen und dann vollständig abkühlen lassen.

PIE

FÜLLUNG
140 g Haferflocken
150 g dunkle Schokolade (70 %)
100 g Schlagsahne
75 g Butter
110 g brauner Zucker
3 g Salz (½ TL)
10 g Vanillezucker (1 EL)
1 Prise gemahlener Ingwer
200 ml dunkler Sirup
220 g Eier (4 Stück)
eventuell Vanilleeis (siehe Seite 128) oder leicht geschlagene Sahne zum Servieren

Füllung Den Backofen auf 180 °C Umluft vorheizen. Haferflocken auf ein mit Backpapier belegtes Backblech streuen und 10–12 Minuten im Backofen leicht goldbraun rösten. Abkühlen lassen. Die Temperatur auf 160 °C reduzieren.

Die Schokolade hacken und in eine Schüssel geben. Die Schlagsahne aufkochen, zur Schokolade gießen und einige Minuten stehen lassen, bis die Schokolade geschmolzen ist. Zu einer glatten Ganache verrühren. Die Ganache auf dem Boden der Tarteform verstreichen und in den Gefrierschrank stellen.

Butter schmelzen und mit braunem Zucker, Salz, Vanillezucker und Ingwer verrühren. Zunächst den Sirup und dann die Eier unterrühren. Schließlich die Haferflocken hineingeben.

Die Tarte aus dem Gefrierschrank nehmen und die Haferflockenmischung über die Ganache streuen. Die Tarte etwa 50 Minuten auf der mittleren Schiene des Backofens backen. Herausnehmen und 2–3 Stunden abkühlen lassen. Mit Vanilleeis oder leicht geschlagener Sahne servieren.

OAT AND
CHOCOLATE PIE

SALTED CARAMEL APPLE PIE

SALTED CA
APPLE PIE

Das Geheimnis einer wirklich guten Tarte ist die knusprige Teighülle. Deshalb stelle ich den Teig in zwei Partien her, sodass er nicht zu lange geknetet wird.

10–12 STÜCKE

TEIGHÜLLE

2 × 210 g Weizenmehl
2 × 2 g Salz (2 Msp.)
2 × 15 g Zucker (1 EL)
2 × 150 g kühlschrankkalte Butter

ZUM BESTREICHEN

1 verschlagenes Ei
Rohrzucker
Fleur de Sel

KARAMELLSAUCE

50 g Glukosesirup (2 EL)
90 g Zucker
100 g Schlagsahne
30 g Butter
5 g Fleur de Sel (knapp 1 TL)

Teighülle Mehl, Salz und Zucker für die erste Partie in einer Küchenmaschine mischen. Butter in kleinen Würfeln ebenfalls dazugeben. Im Intervallbetrieb arbeiten, bis die Mischung krümelig wird. 35 ml eiskaltes Wasser in kleinen Schlucken hinzufügen und weiterarbeiten, bis der Teig zusammenhält. Dann sofort aufhören. Der Teig kann auch schnell von Hand verarbeitet werden.

Den Teig platt drücken und in Frischhaltefolie gewickelt mindestens 1 Stunde im Kühlschrank ruhen lassen. Die zweite Partie Teig auf die gleiche Weise herstellen.

Karamellsauce Glukosesirup und etwas Zucker bei mittlerer Temperatur erhitzen, bis der Zucker geschmolzen ist. Restlichen Zucker in mehreren Portionen hinzufügen und jeweils schmelzen lassen. Zwischendurch umrühren. Kochen lassen, bis die Masse eine schöne Karamellfarbe hat.

Langsam die Schlagsahne einrühren. Vom Herd nehmen, Butter und Salz unterrühren. Zum Abkühlen zur Seite stellen.

Füllung Äpfel schälen, entkernen, in Scheiben schneiden und in einer Schüssel mit Zitronensaft und Zucker vermischen. 20–30 Minuten stehen lassen und alle Flüssigkeit abgießen. Übrige Zutaten mischen und zur Seite stellen.

Ein Teigstück zu einem 3 mm dicken Kreis ausrollen und eine Tarteform (Ø 24 cm) damit bis etwa 1 cm über den Rand auslegen. Das zweite Teigstück zu einem etwa 3 mm dicken Viereck ausrollen. Das Viereck in acht lange, gleich breite Streifen schneiden.

Backofen auf 210 °C Umluft vorheizen. Ein mit Backpapier bedecktes Blech unten hineinschieben und darüber ein Gitter einsetzen. So tropft der eventuell austretende Fruchtsaft nicht in den Ofen. Apfelscheiben und Gewürze mischen. Das Mehl gleichmäßig auf den Boden der Form streuen und die Apfelscheiben dicht hineinlegen. Mit Karamellsauce beträufeln.

RAMEL

FÜLLUNG

6–7 möglichst säuerliche Äpfel
Saft von 2 Zitronen
25 g Zucker (2 EL)
75 g Rohrzucker
7 g Zimt (1 EL)
3 g Salz (½ TL)
1 Prise gemahlener Ingwer
1 Prise gemahlene Muskatnuss
30 g Weizenmehl für die Form
eventuell Vanilleeis zum Servieren (siehe Seite 128)

Die Teigstreifen auf der Tarte zu einem Muster flechten. Den überstehenden Teig am Rand zusammenrollen und in regelmäßigen Abständen eindrücken. Das ergibt einen schönen gewellten Rand (siehe Bild auf Seite 134). Die Teighülle mit Ei bestreichen und mit etwas Rohrzucker und Fleur de Sel bestreuen. Im Gefrierschrank 15 Minuten ruhen lassen.

Die Tarte etwa 20 Minuten auf der mittleren Schiene backen, die Temperatur auf 130 °C reduzieren und weitere 30 Minuten backen. Sie soll goldbraun und knusprig aussehen. Vor dem Servieren 2–3 Stunden abkühlen lassen. Dazu schmeckt Vanilleeis.

PISTACHIO AN PEACH PIE

Ein Blätterteigkuchen mit einer himmlischen Pistaziencreme. Und darauf thronen leckere Pfirsiche. Dieser Kuchen ist einsame Spitze!

10–12 STÜCKE

BLITZBLÄTTERTEIG

210 g Weizenmehl
3 g Salz (½ TL)
15 g Eigelb (1 Stück)
200 g kühlschrankkalte Butter

PISTAZIENCREME

100 g ungesalzene Pistazien, geschält
90 g Zucker
10 g Vanillezucker (1 EL)
100 g zimmerwarme Butter
55 g Ei (1 Stück)
30 g Weizenmehl

FÜLLUNG

4–5 frische Pfirsiche

ZUM BESTREICHEN

60 g Honig

Blitzblätterteig Mehl, Salz, Eigelb und 100 ml Wasser in einer Küchenmaschine mit Knethaken oder mit einem Handmixer mit Knethaken zu einem Teig verarbeiten. Die Butter in kleinen Würfeln langsam unter den Teig arbeiten. Es sollten einige kleine Butterstücke im Teig zu sehen sein. Den Teig in Frischhaltefolie gewickelt etwa 1 Stunde im Kühlschrank ruhen lassen.

Zu einem etwa 5 mm dicken Rechteck ausrollen und falten: an der kurzen Seite ein Drittel des Teigs zur Mitte hin falten, das andere Drittel darauffalten, sodass drei Lagen übereinanderliegen. Wieder zu einem Rechteck ausrollen und die beiden kurzen Seiten jeweils zur Mitte hin falten, dabei etwa 1 cm Zwischenraum lassen. Die beiden Hälften entlang dieses Zwischenraums übereinanderklappen. In Frischhaltefolie gewickelt etwa 1 Stunde im Kühlschrank ruhen lassen. Teig erneut ausrollen und noch einmal in drei Schichten übereinanderfalten. Den Teig in Frischhaltefolie gewickelt 30–60 Minuten im Kühlschrank ruhen lassen.

Zu einer etwa 35 × 25 cm großen Platte ausrollen, diese auf ein mit Backpapier ausgelegtes Backblech legen und mehrmals mit einer Gabel einstechen. Den Backofen auf 200 °C Umluft vorheizen.

Pistaziencreme Die Pistazien in eine Schüssel legen. 150 ml Wasser aufkochen, in die Schüssel gießen und 30 Minuten stehen lassen. Das Wasser abgießen und die Pistazien mit Zucker und Vanillezucker in einer Küchenmaschine zerkleinern. Mit Butter und Ei zu einer Creme rühren und schließlich mit dem Mehl vermischen.

Die Pistaziencreme gleichmäßig auf dem Teig verteilen. Die Pfirsiche in dünnen Scheiben darauflegen. 25–30 Minuten auf der mittleren Schiene backen, bis der Kuchen eine schöne Farbe angenommen hat.

Währenddessen Honig und 30 ml Wasser in einem Topf erwärmen und die Pfirsiche direkt nach dem Backen mit dieser Mischung bestreichen. Abkühlen lassen und lauwarm oder kalt servieren.

LAV

PEAR AND
ENDER PIE

Lavendel, Birne und Mandel passen geschmacklich wirklich richtig gut zusammen. Allerdings sollte nicht zu viel Lavendel verwendet werden, da der Kuchen sonst ein wenig parfümiert schmeckt. (Man kann den Lavendel auch weglassen, der Kuchen ist trotzdem sehr lecker.)

10–12 STÜCKE

TEIGHÜLLE
60 g Puderzucker
180 g Weizenmehl
120 g Butter
15 g Eigelb (1 Stück)

FÜLLUNG
150 g zimmerwarme Butter
150 g Mandelmehl
60 g Weizenmehl
150 g Rohrzucker
165 g Eier (3 Stück)
4–5 mittelgroße Birnen

ZUM BESTREICHEN
100 g Honig
4–5 Tropfen Lavendelöl
Vanillesauce zum Servieren (siehe Seite 60)

Teighülle Den Backofen auf 180 °C Umluft vorheizen. Alle Zutaten in eine Schüssel geben und mit den Fingerspitzen zu einem gleichmäßigen Teig verarbeiten. (Der Teig lässt sich auch in einer Küchenmaschine kneten.) Den Teig in Frischhaltefolie gewickelt 20 Minuten im Kühlschrank ruhen lassen. Zu einem 3 mm dicken Kreis ausrollen und eine runde Tarteform mit abnehmbarem Rand (Ø 24 cm) damit auslegen.

Füllung 50 g Butter in einem Topf schmelzen und bei mittlerer Temperatur auf dem Herd stehen lassen, bis sie eine goldbraune Farbe hat und leicht nussig duftet. Die gebräunte Butter beiseitestellen und etwas abkühlen lassen.

Mandelmehl, Weizenmehl, Rohrzucker und 100 g Butter in einer Küchenmaschine oder von Hand mischen. Die gebräunte Butter und nach und nach die Eier dazugeben und alles zu einem glatten Teig rühren. Den Teig gleichmäßig in der Form verteilen.

Die Birnen schälen und vierteln. Die Kerngehäuse entfernen und die Viertel in etwa 3 mm dicke Scheiben schneiden. Die Scheiben in einem hübschen Muster auf den Mandelteig legen, leicht eindrücken und 45 Minuten auf der mittleren Schiene des Backofens backen, bis die Tarte eine goldbraune Farbe hat.

Bestreichen Honig und Lavendelöl in einem kleinen Topf mischen und vorsichtig erwärmen. Die Tarte aus dem Ofen nehmen und mit der Mischung bestreichen. Abkühlen lassen und mit Vanillesauce servieren.

RHUBARB AN
RASPBERRY P

Manchmal möchte ich meinen Gästen Törtchen servieren, die für mich immer etwas Luxuriöses haben. Sie können aber auch eine große Tarte backen. Verlängern Sie dann die Backzeit um 10 Minuten.

10 KLEINE TÖRTCHEN

MÜRBETEIG
90 g Puderzucker
270 g Weizenmehl
180 g Butter
15 g Eigelb (1 Stück)

MANDELCREME
60 g Eigelb (4 Stück)
60 g Zucker
25 g Maisstärke
1 Vanilleschote
250 ml Milch (3 %)
250 g Marzipanrohmasse
15 g gemahlener Kardamom (1 EL)

FÜLLUNG
3 Rhabarberstiele
25 frische Himbeeren
45 g Zucker
20 g Maisstärke (2 ½ EL)

STREUSELTEIG
100 g zimmerwarme Butter
30 g Zucker (2 EL)
120 g Weizenmehl
50 g Kokosflocken
8 g Vanillezucker (¾ EL)

Vanillesahne zum Servieren (siehe Seite 151)

Mürbeteigboden Den Backofen auf 180 °C Umluft vorheizen. Alle Zutaten in einer Schüssel mit den Händen zu einem gleichmäßigen Teig verarbeiten. Der Teig lässt sich auch in einer Küchenmaschine kneten. Den Teig zu einem etwa 3 mm dicken Kreis ausrollen, mit einem Ausstecher oder Glas Kreise ausstechen und kleine runde Tarteformen (Ø etwa 9 cm) damit auslegen. Den Teig bis zum Rand reichen lassen, eventuell überstehenden Teig abschneiden.

Mandelcreme Eigelb, Zucker und Maisstärke verrühren. Die Vanilleschote aufschneiden, das Mark herauskratzen und mit der Schote und der Milch in einen Topf geben. Unter Rühren aufkochen lassen und zu den anderen Zutaten gießen.

Alles wieder in den Topf geben und unter ständigem Rühren erwärmen, bis die Masse zu einer dicklichen Creme geworden ist. Die Temperatur reduzieren und weitere 2 Minuten kochen lassen. Die Vanilleschote herausnehmen, die Creme in eine Schüssel gießen und abkühlen lassen.

Die Marzipanrohmasse in eine Schüssel legen, Vanillecreme in mehreren Portionen dazugeben und alles zu einer gleichmäßigen Mandelcreme vermengen. Mit Kardamom würzen.

Füllung Den Rhabarber säubern, schälen und in kleine Stücke schneiden. Die Himbeeren einmal durchschneiden. Alles in eine Schüssel legen. Zucker und Maisstärke unterheben.

Streuselteig Alle Zutaten in einer Schüssel mit den Fingerspitzen zu einem Streuselteig verarbeiten.

Die Mandelcreme gleichmäßig auf die Formen verteilen. Die Rhabarbermischung daraufgeben und schließlich die Törtchen mit dem Streuselteig bestreuen.

Die Törtchen etwa 25 Minuten auf der mittleren Schiene backen, bis sie eine schöne Farbe haben. Lauwarm oder kalt mit Vanillesahne servieren.

ES

RH
AL

BARB AND IOND CAKE

Manchmal ist das Einfache das Beste – und das Schönste. Wenn Sie diesen Kuchen servieren, werden Sie garantiert viel Lob bekommen.

10–12 STÜCKE

KUCHEN
3 lange Rhabarberstiele
150 g zimmerwarme Butter
180 g Zucker + etwas zum Bestreuen
110 g zimmerwarme Eier (2 Stück)
30 g zimmerwarmes Eigelb (2 Stück)
200 g Mandelmehl
120 g Weizenmehl
7 g Backpulver (1 ½ TL)
10 g Vanillezucker (1 EL)
4 g gemahlener Kardamom (½ TL) + etwas zum Bestreuen
Puderzucker zum Bestauben

VANILLESAHNE
60 g Eigelb (4 Stück)
90 g Zucker
25 g Maisstärke
1 Vanilleschote
250 ml Milch (3 %)
15 g Butter
300 g leicht geschlagene Sahne

AUSSERDEM
Butter zum Einfetten
Mehl zum Mehlieren

Kuchen Den Backofen auf 180 °C Umluft vorheizen. Eine Tarteform mit abnehmbarem Rand (28 × 20 cm) einfetten, bemehlen und mit Backpapier auslegen. Den Rhabarber säubern, schälen und in Stücke schneiden.

Butter und Zucker schaumig rühren. Nach und nach die Eier und das Eigelb hineinrühren. Alle trockenen Zutaten dazusieben und alles zu einem glatten Teig verrühren. Den Teig gleichmäßig in der Form verteilen, mit dem Rhabarber belegen und mit etwas Zucker und Kardamom bestreuen.

25–30 Minuten auf der mittleren Schiene backen, bis der Kuchen eine schöne Farbe angenommen hat. Lauwarm oder kalt mit Vanillesahne servieren.

Vanillesahne Eigelb, Zucker und Maisstärke verrühren. Die Vanilleschote aufschneiden, das Mark herauskratzen und mit der Schote und der Milch in einen Topf geben. Unter Rühren aufkochen, dann die Schote herausnehmen. Die heiße Flüssigkeit mit dem Eigelb verrühren. Alles wieder in den Topf geben.

Bei mittlerer Temperatur unter ständigem Rühren erwärmen, bis die Masse eine dicke Creme ist. Die Creme in eine saubere Schüssel geben und die Butter unterrühren. Im Kühlschrank abkühlen lassen und dann die Sahne einrühren.

STRAWBERRY PIE

Tartes mit Gitter sind schon besonders. Sie vermitteln ein gemütliches Gefühl, sind aber auch elegant. Meine Tarte habe ich mit Erdbeeren gefüllt.

10–12 STÜCKE

TEIGHÜLLE

2 × 210 g Weizenmehl
2 × 2 g Salz (2 Msp.)
2 × 15 g Zucker (1 EL)
2 × 150 g kühlschrankkalte Butter
1 aufgeschlagenes Ei zum Bestreichen

FÜLLUNG

800 g frische Erdbeeren
75 g Zucker
75 g brauner Zucker
30 g Maisstärke
Abrieb und Saft von 1 unbehandelten Zitrone

eventuell Vanilleeis zum Servieren (siehe Seite 128)

Teighülle Die trockenen Zutaten in einer Küchenmaschine mischen. Die Butter in kleinen Würfeln hinzugeben. Im Intervallbetrieb arbeiten, bis die Mischung krümelig wird. 35 ml eiskaltes Wasser in kleinen Schlucken hinzufügen und weiterarbeiten, bis der Teig zusammenhält. Dann sofort aufhören. Der Teig kann auch von Hand in einer Schüssel verarbeitet werden.

Teig platt drücken und in Frischhaltefolie gewickelt mindestens 1 Stunde im Kühlschrank ruhen lassen. Die zweite Partie Teig auf die gleiche Weise herstellen. Ein Teigstück zu einem 3 mm dicken Kreis ausrollen und eine Tarteform (Ø 24 cm) damit bis etwa 1 cm über den Rand auslegen.

Füllung Die Erdbeeren waschen, das Grün entfernen, halbieren und in eine Schüssel legen. Mit 30 g Zucker mischen und 30–60 Minuten Saft ziehen lassen.

Den größten Teil der Flüssigkeit abgießen. Die Erdbeeren mit restlichem Zucker, braunem Zucker, Maisstärke sowie Zitronenabrieb und -saft mischen. 10 Minuten stehen lassen, dann die Beeren in die Form geben.

Den Backofen auf 210 °C Umluft vorheizen. Ein mit Backpapier bedecktes Blech unten in den Backofen schieben und darüber ein Gitter einsetzen. So tropft der eventuell austretende Fruchtsaft nicht in den Ofen. Das zweite Teigstück zu einem etwa 3 mm dicken Viereck ausrollen. Das Viereck in acht lange, gleich breite Streifen schneiden.

Den überstehenden Teig der Tarteform am Rand zusammenrollen und in regelmäßigen Abständen eindrücken. Das Gittermuster flechten und mit Ei bestreichen. Die Tarte 20 Minuten im Gefrierschrank stehen lassen.

Auf der mittleren Schiene 20 Minuten backen, die Temperatur auf 180 °C reduzieren und weitere 45–50 Minuten backen, bis die Teighülle eine schöne Farbe angenommen hat. Vollständig abkühlen lassen und mit Vanilleeis servieren.

TONIGHT WE
Tanqueray
4M16
NYC

JOHN JOVINO
CO., INC.
•DISTRIBUTORS•
FIREARMS &
POLICE EQUIPMENT
JOHN JOVINO GUN SHOP

BUFF
MONSTER

Fika

566 10TH AVENUE • 303 PARK AVENUE SOUTH • 407 PARK AVENUE SOUTH • 600 LEXINGTON AVENUE • 41 W 58TH STREET • 555 6TH AVENUE • 155 7TH AVENUE • 2211 BROADWAY • 114 W 41ST STREET 380 LEXINGTON AVENUE • 66 PEARL STREET • 824 10TH AVENUE 450 WASHINGTON STREET • 52 DUANE STREET • 180 9TH AVENUE 10 PARK AVENUE • 1331 LEXINGTON AVENUE

Wenn man die Straßen von Manhattan entlangspaziert und sich plötzlich nach einer Zimtschnecke sehnt, gibt es eine Rettung: »Fika«.

Wenn ich Genuss suche, statte ich meinem Freund Håkan einen Besuch ab. Als er 2006 zum ersten Mal die Türen seines Cafés öffnete, servierte er schwedischen Kaffee, Rührkuchen, Pfefferkuchen und Zimtschnecken. Das Konzept ging auf – und jetzt gibt es eine ganze Reihe »Fika«-Cafés. Das nennt man rekordschnelle Expansion.

Håkan selbst verbringt die meiste Zeit in Tribeca, wo »Fika« seine Schokoladenproduktion hat. Hier werden Pralinen und Skulpturen hergestellt und der Teig für die Schokokuchen gemischt. Mir gefiel am besten der Bestseller, ein Powerbar. Voll mit Crisp, Eiweiß und Schokolade – perfekt nach dem Training. Ich habe meine Version dieses Riegels in dieses Buch aufgenommen. Der nicht ganz in derselben Liga wie der von Håkan spielt, aber fast.

Ich bin immer wieder inspiriert und beeindruckt, wenn ich mit Håkan rede – dann ist mir, als ob es im Leben keine Hindernisse gibt und alles möglich ist.

LCE DE LECHE LAVA CAKES

ATE AND HAZELNUT CAKE

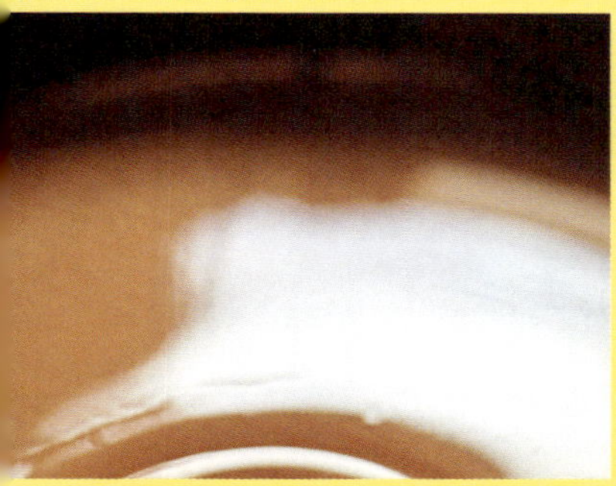

ND CHOCOLATE CHANTILLY

FIKAS PROTEIN POWER BARS • FIKAS PROTEIN POWER BARS • FIKAS PROTEIN POWER BARS

CHOCOLATE PECAN PIE

CHOCOLATE PECAN PIE

VANILLA AND BLUEBERRY BUNS • VANILLA AND BLUEBERRY BUNS

SKILLET COOKIE • SKILLET COOKIE • SKILLET COOKIE • SKILLET COOKIE

CHOCOLATE PECAN PIE • CHOCOLATE PECAN PIE

VANILLA AND BLUEBERRY BUNS • VANILLA AND BLUEBERRY BUNS

BROWNIE CHEESECAKE SWIRL • BROWNIE CHEESECAKE SWIRL

FIKAS PRO
POWER BA

Stellen Sie Ihre eigenen luxuriösen Powerbars her, dann wissen Sie genau, was Sie essen – nur Gutes! Proteinpulver finden Sie zum Beispiel in Reformhäusern.

ETWA 10 BARS

250 g Mandeln, überbrüht und abgezogen
1 Vanilleschote
85 g Kokos- oder Puderzucker
300 g dunkle Schokolade (etwa 70 %)
40 g Kokosfett
100 g Proteinpulver (Molke)
100 g gepuffter Dinkel
geschmolzene dunkle Schokolade (70 %) zum Eintauchen

Den Backofen auf 190 °C Umluft vorheizen. Die Mandeln in eine Form legen und im Ofen auf der mittleren Schiene etwa 8 Minuten rösten, bis sie etwas Farbe angenommen haben.

Die Vanilleschote aufschneiden, das Mark herauskratzen und mit Mandeln und Kokoszucker in einer Küchenmaschine zu einem cremigen Teig zerkleinern.

Die Schokolade hacken. Mit dem Kokosfett in der Mikrowelle oder im Wasserbad schmelzen. Die Mischung in die Küchenmaschine geben und alles zu einem Nugat vermengen.

Den Nugat in eine Schüssel geben und in der Mikrowelle oder im Wasserbad auf 45 °C erwärmen. Drei Viertel des Nugats auf eine kalte Arbeitsfläche, am besten aus Marmor, geben und kneten, bis die Temperatur auf 27 °C gesunken ist. Den Nugat zurück in die Schüssel geben und umrühren. Jetzt sollte die Temperatur 32 °C betragen. (Der Nugat kann auch in der Schüssel so lange gerührt werden, bis die Temperatur auf 32 °C sinkt.) Eventuell die Temperatur prüfen, indem ein Löffel in den Nugat getaucht und anschließend in den Kühlschrank gelegt wird. Wird der Nugat nach 5 Minuten fest, ist er fertig.

Das Proteinpulver und den gepufften Dinkel dazugeben und alles verrühren. In eine etwa 20 × 30 cm große, mit Backpapier ausgelegte Form geben. Über Nacht im Kühlschrank oder bei Zimmertemperatur fest werden lassen.

Den Kuchen in Rechtecke teilen und in die geschmolzene Schokolade tauchen. (Die Schokolade auf die gleiche Weise wie den Nugat erwärmen.)

TEIN
RS

NUTELLA LECI

AND DULCE DE
E LAVA CAKES

Wenn Sie perfekte Schokotörtchen mit flüssigem Kern haben wollen, machen Sie es wie ich und stellen Sie sowohl den Kuchen als auch die Füllung in den Gefrierschrank. Sie können auch mit den Zutaten experimentieren, achten Sie nur darauf, dass die Füllung im Ofen schmilzt.

8 TÖRTCHEN

FÜLLUNG
- 200 g Nutella
- Fleur de Sel
- 100 g Dulce de Leche

SCHOKOLADENTÖRTCHEN
- 270 g zimmerwarme Eier (4–5 Stück)
- 250 g Puderzucker
- 250 g dunkle Schokolade (55–70 %)
- 250 g Butter
- 120 g Weizenmehl

Füllung Nutella in acht Kugeln auf einen mit Backpapier ausgelegten Teller spritzen. Mit etwas Fleur de Sel bestreuen. (Wichtig! Die Kugeln dürfen nicht größer als die Kuchenformen sein.) 30 Minuten in den Gefrierschank stellen. Anschließend einen kleinen Klecks Dulce de Leche auf die Kugeln geben und wieder in den Gefrierschrank stellen.

Schokoladentörtchen Die Eier in eine Schüssel schlagen. Puderzucker langsam unterheben, ohne Luft in die Mischung zu schlagen. (Den Puderzucker eventuell sieben, damit keine Klumpen entstehen.)

Schokolade hacken. Butter schmelzen, vom Herd nehmen und die Schokolade dazugeben. Rühren, bis die Schokolade geschmolzen ist. Schokoladenmischung unter die Ei-Puderzucker-Mischung heben. Mehl hineinsieben und unter den Teig rühren.

Runde Formen (Ø etwa 6 cm, 4 cm hoch) auf ein Tablett stellen, das in den Gefrierschrank passt. An den Seiten und auf dem Boden mit Backpapier auslegen. (Ausstechringe an den Seiten mit Backpapier auslegen und auf ein Stück Backpapier stellen.) Bis kurz unter die Mitte mit Teig füllen und 20 Minuten in den Gefrierschrank stellen. Den Backofen auf 185 °C Umluft vorheizen.

Aus dem Gefrierschrank nehmen und eine Nutellakugel in jede Form legen. Mit Teig auffüllen, sodass die Kugel bedeckt, aber die Form nicht ganz voll ist.

Törtchen auf der mittleren Schiene 12–14 Minuten backen. Einige Minuten abkühlen lassen und anschließend in der Form servieren. (Bei Ausstechringen: Vom Backpapier heben, die Törtchen auf einen Teller legen und den Ring abnehmen.)

BROWNIE CHEESECA SWIRL

Was ergibt die Kombination von saftigem Kuchen mit fülligem Schokoladengeschmack und cremigem Cheesecake? Einen Traum für Kuchenliebhaber!

ETWA 20 STÜCKE

CHEESECAKE-TEIG
300 g Frischkäse
45 g Zucker
55 g Ei (1 Stück)

BROWNIE
180 g dunkle Schokolade (55–70 %)
180 g Butter
90 g Mehl
40 g Kakaopulver
5 g Backpulver (1 TL)
5 g Salz (1 ½ Msp.)
165 g Eier (3 Stück)
260 g Zucker

AUSSERDEM
Butter zum Einfetten
Mehl zum Mehlieren

Cheesecake-Teig Frischkäse und Zucker in einer Schüssel vermengen. Das Ei dazugeben und zu einem glatten Teig verrühren. Zur Seite stellen.

Brownie Den Backofen auf 160 °C Umluft vorheizen. Eine Backform (etwa 20 × 30 cm) einfetten und bemehlen, den Boden mit Backpapier auslegen.

Die Schokolade hacken und in eine Schüssel geben. Die Butter schmelzen und anschließend über die Schokolade gießen. Rühren, bis die Schokolade geschmolzen ist.

Mehl, Kakaopulver, Backpulver und Salz in eine Schüssel sieben. Eier und Zucker leicht in einer Schüssel verschlagen. Die Schokolade und die trockenen Zutaten dazugeben und alles zu einem gleichmäßigen Teig verrühren.

Den Teig in der Form gleichmäßig verteilen, den Cheesecake-Teig in Klecksen darüber verteilen und anschließend mit dem Griff eines Teigschabers ein Marmormuster ziehen.

30 Minuten auf der mittleren Schiene backen. Vollständig abkühlen lassen.

KE

A

BROWNIE
ID CHOCOLATE
CHANTILLY

So einfach verwandeln Sie gewöhnlichen Schokoladenkuchen in etwas Luxuriöses. Die Chantilly muss mindestens 8 Stunden vorher zubereitet werden.

8–10 STÜCKE

SCHOKOLADEN-CHANTILLY
100 g Milchschokolade
200 g Schlagsahne

BROWNIE
100 g Butter
90 g Zucker
90 g brauner Zucker
100 g dunkle Schokolade (70 %)
80 g flüssiger Honig
110 g Eier (2 Stück)
90 g Mehl
2 g Salz (2 Msp.)
50 g frische Himbeeren + einige zum Dekorieren

AUSSERDEM
Butter zum Einfetten

Schokoladen-Chantilly Die Schokolade hacken und in eine kleine Schüssel geben. Die Schlagsahne aufkochen und anschließend über die Schokolade gießen. Schokolade schmelzen lassen und rühren, bis eine gleichmäßige Masse entsteht. Die Schüssel mit Frischhaltefolie abgedeckt über Nacht oder mindestens 8 Stunden in den Kühlschrank stellen.

Brownie Den Backofen auf 210 °C Umluft vorheizen. Eine Springform (Ø 22–23 cm) einfetten und den Boden mit Backpapier auslegen.

Die Butter in einem Topf schmelzen. Zucker und braunen Zucker hinzufügen und rühren, bis sich der Zucker aufgelöst hat. Die Schokolade hacken, mit dem Honig in den Topf geben und rühren, bis die Schokolade geschmolzen ist. Den Topf vom Herd nehmen, dann unter ständigem Rühren nach und nach die Eier hinzugeben.

Das Mehl hineinsieben, Salz dazugeben und beides mit einem Teigschaber unterheben, bis ein gleichmäßiger Teig entsteht. Den Teig in die Form füllen, die Himbeeren gleichmäßig darauf verteilen und gut eindrücken. 15–17 Minuten auf der mittleren Schiene des Backofens backen. Herausnehmen und vollständig abkühlen lassen.

Die Schokoladen-Chantilly schlagen, bis sie eine feste Konsistenz hat. Kuchen aus der Form nehmen, die Schokoladencreme im gewünschten Muster auf den Kuchen spritzen und mit Himbeeren verzieren.

CHOCOLAT AND HAZE CAKE

Eine Torte wie diese erfordert etwas Arbeit und Geduld. Aber das ist sie wert! Das meiste kann man gut vorbereiten, aber Sie können die Torte auch ein oder zwei Tage im Voraus fertigstellen und im Kühlschrank aufbewahren. Sie sollte allerdings zimmerwarm serviert werden.

10–12 STÜCKE

TORTENBÖDEN

330 g Mehl
450 g Zucker
120 g Kakaopulver
10 g Natron (2 TL)
10 g Backpulver (2 TL)
10 g Vanillezucker (1 EL)
10 g Salz (1 ½ TL)
165 g zimmerwarme Eier (3 Stück)
350 ml zimmerwarme Milch
200 ml Pflanzenöl

AUSSERDEM

Butter zum Einfetten
Mehl zum Mehlieren

Tortenböden Den Backofen auf 160 °C Umluft vorheizen. Drei Springformen (Ø 22–24 cm) einfetten und bemehlen, die Böden mit Backpapier auslegen.

Die trockenen Zutaten von Hand vermengen. Eier, Milch und Pflanzenöl leicht verschlagen. Dann die trockenen Zutaten mit der Eimischung zu einem gleichmäßigen Teig verrühren. Nun 300 ml kochendes Wasser einrühren.

Den dünnflüssigen Teig gleichmäßig auf die Formen verteilen (etwa 510 g in jede Form) und 30–35 Minuten auf der mittleren Schiene des Backofens backen. Mithilfe der Stäbchenprobe prüfen, ob die Böden durchgebacken sind. (Falls nicht alle Formen gleichzeitig im Backofen Platz haben, kann eine auch danach gebacken werden.) Anschließend die Böden vollständig abkühlen lassen und aus den Formen nehmen. Eventuell die Oberfläche der Böden glätten.

Fortsetzung von Zutatenliste und Zubereitung auf der nächsten Seite

NUT

NUGAT-MOUSSE

45 g Zucker
30 g Eigelb (2 Stück)
15 g Maisstärke (2 EL)
1 Vanilleschote
150 ml Milch (3 %)
150 g Nugat
50 g dunkle Schokolade (70 %)
300 g Schlagsahne

BUTTERCREME

200 g dunkle Schokolade (70 %), gehackt
150 g Eiweiß (4–5 Stück)
220 g Zucker
1 Prise Salz
450 g zimmerwarme Butter

SCHOKOLADENGLASUR

100 g Butter
140 g dunkle Schokolade (70 %)
65 g Nüsse, geröstet und gehackt, zum Dekorieren

Nugat-Mousse Zucker, Eigelb und Maisstärke vermischen. Die Vanilleschote aufschneiden, das Mark herauskratzen und mit der Schote und der Milch aufkochen. Dann vorsichtig mit der Eigelbmischung vermengen. Alles wieder unter ständigem Rühren erwärmen, bis die Masse dickflüssig wird. Die Temperatur reduzieren und weiterrühren, bis eine cremige, glatte und dicke Masse entsteht.

Die Creme in eine Schüssel geben und die Vanilleschote herausnehmen. Nugat in Stücken hinzugeben. Rühren, bis der Nugat sich aufgelöst hat und die Creme glatt ist. Mit Frischhaltefolie so nah auf der Creme abdecken, dass sich keine Haut bildet. Im Kühlschrank kalt werden lassen.

Die Schokolade im Wasserbad auf etwa 45 °C erwärmen. Die Sahne steif schlagen. Schokolade von Hand in die Nugatcreme einrühren. Vorsichtig die Schlagsahne unterheben. Die Schüssel mit Frischhaltefolie abgedeckt zum Festwerden 1 Stunde in den Kühlschrank stellen. Erscheint die Creme dann immer noch zu weich, nochmals 1 Stunde in den Kühlschrank stellen.

Buttercreme Schokolade im Wasserbad schmelzen und lauwarm abkühlen lassen. Eiweiß, Zucker und Salz in einer Schüssel vermischen und über einem Wasserbad erwärmen, bis sich die Zuckerkristalle aufgelöst haben, dabei immer wieder umrühren. Mit dem Handmixer zu einer festen Baisermasse schlagen.

Die Butter in kleinen Portionen hineingeben und die Masse weiterschlagen, bis die Buttercreme locker und leicht ist. (Falls sie zu dünnflüssig erscheint, die Geschwindigkeit erhöhen, bis sie fester wird.) Mit der geschmolzenen Schokolade vermischen.

Schokoladenglasur Die Butter mit 50 ml Wasser in einem Topf schmelzen. Auf mittlere Temperatur reduzieren. Die Schokolade hacken, in den Topf geben und rühren, bis sie geschmolzen ist. 30 Minuten bei Zimmertemperatur abkühlen lassen.

Mit der Buttercreme einen dünnen Ring auf den Rand eines Tortenbodens spritzen und in der Mitte die Mousse verteilen. Den nächsten Boden auflegen und den Vorgang wiederholen. Schließlich den letzten Boden auflegen und die Torte dünn mit Buttercreme besteichen. Mindestens 30 Minuten in den Kühlschrank stellen.

Aus dem Kühlschrank nehmen und erneut mit Buttercreme bestreichen. Wiederholen, bis die Torte glatt ist. 30 Minuten in den Kühlschrank stellen. Schokoladenglasur über die Torte gießen und etwas fest werden lassen. Restliche Buttercreme im gewünschten Muster aufspritzen und mit Nüssen dekorieren.

CHOCOLATE PECAN PIE

Pecan Pie ist eine große Sache in Amerika. Kein Wunder, denn sie ist überaus lecker. Der braune Zucker verleiht ihr einen feinen Karamellgeschmack. Mit etwas Sahne dazu fühlt man sich wie im Kuchenparadies.

10–12 STÜCKE

SCHOKOLADENMÜRBETEIG

120 g Mehl
25 g Kakaopulver (4 EL)
100 g zimmerwarme Butter
45 g Puderzucker
15 g Eigelb (1 Stück)

FÜLLUNG

270 g Pekannüsse
150 g Butter
75 g dunkle Schokolade (70 %)
165 g zimmerwarme Eier (3 Stück)
210 g brauner Zucker
75 g Zucker
5 g Salz (1 TL)
30 g Mehl
400 g Sahne, leicht geschlagen, zum Servieren

Schokoladenmürbeteig Alle Zutaten in eine Schüssel oder Küchenmaschine geben und zu einem gleichmäßigen Teig vermengen. Den Teig in Frischhaltefolie gewickelt 20 Minuten in den Kühlschrank legen.

Den Teig zu einem 3–4 mm dicken Kreis ausrollen und in eine runde Backform (Ø 24 cm) mit abnehmbarem Rand legen. Den über den Rand hinausragenden Teig mit einem Messer abschneiden. 40 Minuten in den Gefrierschrank stellen.

Füllung Den Backofen auf 170 °C Umluft vorheizen. 150 g Nüsse hacken. Die Butter in einem Topf schmelzen und vom Herd nehmen. Die Schokolade hacken, zur Butter geben und rühren, bis die Schokolade geschmolzen ist.

In einer Schüssel die Eier mit braunem Zucker, Zucker und Salz schaumig schlagen. Die Buttermischung unterrühren und das Mehl dazugeben. Die gehackten Pekannüsse unterheben und die Füllung in die Form geben. Mit den restlichen Pekannüssen bestreuen.

Auf der mittleren Schiene des Backofens 25–30 Minuten backen, bis die Füllung fest geworden ist. Etwas abkühlen lassen und lauwarm oder kalt mit Schlagsahne servieren.

SKILLET COOKIE

Diesen Kuchen würde ich als übergroßen Keks mit einer Schicht Nutella und gesalzenen Erdnüssen in der Mitte bezeichnen. Superlecker!

ETWA 12 STÜCKE

- 230 g zimmerwarme Butter + etwas zum Einfetten
- 130 g Zucker
- 120 g brauner Zucker
- 55 g Ei (1 Stück)
- 15 g Eigelb (1 Stück)
- 240 g Mehl
- 5 g Natron (1 TL)
- 3 g Vanillezucker (1 TL)
- 3 g Salz (½ TL)
- 200 g dunkle Schokolade, grob gehackt, oder Schokotropfen (55 %)
- 150 g Nutella
- 50 g gesalzene Erdnüsse, grob gehackt
- Vanilleeis zum Servieren (siehe Seite 128)

Den Backofen auf 175 °C Umluft vorheizen. Butter, Zucker und braunen Zucker schaumig schlagen. Eier und Eigelb dazugeben und verrühren. Trockene Zutaten dazugeben und alles zu einem Teig vermengen. Anschließend die Schokolade dazugeben, aber ein wenig für die Verzierung aufheben.

Die Ränder einer gusseisernen ofenfesten Pfanne (eine Spring- oder Tarteform geht auch; Ø 22–23 cm) einfetten und den Boden mit Backpapier auslegen. Die Hälfte des Teigs gleichmäßig in der Pfanne verteilen. Das Nutella mit etwa 0,5 cm Abstand vom Rand auf dem Teig verteilen. Die Erdnüsse darüberstreuen und 10 Minuten in den Gefrierschrank stellen.

Kuchen aus dem Gefrierschrank nehmen, restlichen Teig darauf verteilen und glatt streichen. Restliche Schokolade über den Kuchen streuen und auf der mittleren Schiene 25–30 Minuten backen. Lauwarm mit Vanilleeis servieren.

VANILLA AND BERRY BUNS

Ein Sommerkuchen mit Mandel-Vanille-Creme und frischen Blaubeeren.

20–25 KUCHEN

MANDEL-VANILLE-CREME
90 g Eigelb (6 Stück)
130 g Zucker
60 g Maisstärke
1 Vanilleschote
350 ml Milch (3 %)
30 g Butter
200 g Marzipanrohmasse

WEIZENTEIG
30 g Hefe
250 ml zimmerwarme Milch (3 %)
540 g Mehl
8 g gemahlener Kardamom (3 TL)
5 g Salz (1 TL)
90 g Zucker
100 g zimmerwarme Butter

BLAUBEERFÜLLUNG
200 g TK-Blaubeeren
30 g Maisstärke
25 g Zucker (2 EL)

AUSSERDEM
Mehl zum Mehlieren
1 Ei zum Bestreichen
Perlzucker zum Bestreuen

Mandel-Vanille-Creme Eigelb, Zucker und 40 g Maisstärke vermengen. Die Vanilleschote aufschneiden, das Mark herauskratzen und mit der Schote und der Milch in einen Topf geben. Unter ständigem Rühren aufkochen, dann die Vanilleschote herausnehmen. Die Mischung in die Schüssel mit der Eigelbmischung füllen und alles gut vermengen.

Alles wieder in den Topf geben, bei mittlerer Temperatur unter ständigem Rühren erwärmen, bis die Masse dickflüssig wird. Die Creme in eine saubere Schüssel geben und gut mit der Butter verrühren. Mit Frischhaltefolie abgedeckt im Kühlschrank abkühlen lassen.

Die Marzipanrohmasse in eine Schüssel legen. Die Creme nach und nach unterrühren, bis eine glatte Konsistenz entsteht. 20 g Maisstärke unterrühren.

Weizenteig Hefe und Milch in die Schüssel einer Küchenmaschine mit Knethaken geben und rühren, bis sich die Hefe aufgelöst hat. Restliche Zutaten dazugeben und den Teig auf mittlerer Stufe 5 Minuten durcharbeiten. Dann die Geschwindigkeit etwas erhöhen und weitere 5 Minuten rühren, bis der Teig glänzend und elastisch ist. Die Schüssel mit Frischhaltefolie abgedeckt 30 Minuten in den Kühlschrank stellen.

Blaubeerfüllung Blaubeeren, Maisstärke und Zucker in einer Schüssel vermischen.

Den Teig auf einer bemehlten Arbeitsfläche zu einem 3 mm dicken Rechteck ausrollen und gleichmäßig mit Creme bestreichen. Die Blaubeerfüllung daraufgeben und den Teig zu einer Rolle zusammenrollen.

In 20–25 Scheiben schneiden, in Papierförmchen auf ein Blech legen und abgedeckt 1 ½–2 Stunden gehen lassen.

Den Backofen auf 200 °C Umluft vorheizen. Die Kuchen mit Ei bestreichen und mit Perlzucker bestreuen. Etwa 8 Minuten auf der mittleren Schiene goldbraun backen. Auf einem Gitter abkühlen lassen.

BLUE-

La Churreria

284 MULBERRY STREET

In der Mulberry Street, einer meiner Lieblingsstraßen in Nolita, liegt das Café »La Churreria«, in dem den ganzen Tag Churros frittiert werden. Churros ähneln Doughnuts, aber statt zur runden Form mit dem Loch wird der Weizenteig, der wie Pfannkuchenteig ist, in lange, dünne Stangen ausgespritzt. Superlecker! Um das Ganze noch schmackhafter zu machen, werden die frittierten Stangen in dickflüssige Schokoladencreme getaucht. Churros sind die lateinamerikanische und spanische Antwort auf Doughnuts, man findet sie in Mexiko City, Buenos Aires und Madrid fast an jeder Ecke. Ich versuche immer, dem stressigen Broadway für einen Moment zu entkommen und einen Kaffee und Churros an einem Tisch am Fenster zu genießen. Ein genussvoller Moment, um runterzukommen und dann wieder durchstarten zu können.

CHURROS • CHURROS
CHURROS • CHURROS • CHURROS
ASSIONFRUIT PALETAS
MEXICAN CHOCOLATE PIE • MEXICAN CHOCOLATE PIE • MEXICAN CHOCOLATE PIE • MEXICAN CHOCOLATE PIE
ND FENNEL PALETAS
YOGHURT AND BLUEBERRY PALETAS • YOGHURT AND BLUEBERRY PALETAS
LIME, STRAWBERRY AND GINGER PALETAS
CAKE • TRES LECHES CAKE
ELDERBERRY AND RASPBERRY PALETAS
CITRUS PALETAS • CITRUS PALETAS • CITRUS PALETAS
TRES LECHES CAKE • TRES LECHES CAKE • TRES LECHES CAKE

CHURROS

Churros serviert man am besten auf einer Party. Das kommt garantiert gut an! Einfach einen großen Korb auf den Tisch stellen und die Gäste selbst die Churros in die wunderbare Sauce tauchen lassen.

5–6 PORTIONEN

SCHOKOLADEN-KARAMELL-SAUCE

50 g Glukosesirup (2 EL)
90 g Zucker
200 g Schlagsahne
15 g Butter (1 EL)
5 g Fleur de Sel (1 TL)
50 g dunkle Schokolade (70 %)

CHURRO-TEIG

25 g Butter (2 EL)
15 g Zucker (1 EL)
5 g Salz (1 TL)
240 g Mehl
110 g Eier (2 Stück)

AUSSERDEM

450 ml Pflanzenöl zum Frittieren
Zimt und Zucker zum Bestreuen

Schokoladen-Karamell-Sauce Den Glukosesirup in einem Topf erhitzen, den Zucker einrieseln und dann kochen lassen, bis die Mischung goldbraun ist. Immer wieder umrühren.

Nach und nach vorsichtig die Schlagsahne untermischen und einige Minuten kochen lassen. Dabei ab und zu umrühren. Dann vom Herd nehmen. Butter und Fleur de Sel dazugeben. Die Schokolade hacken, hineingeben und rühren, bis eine glatte Sauce entsteht. Diese in eine Schüssel gießen und mit Frischhaltefolie abgedeckt beiseitestellen.

Churro-Teig Butter, Zucker, Salz und 300 ml Wasser in einem Topf aufkochen. Das Mehl dazugeben und den Teig mit einem Holzlöffel einige Minuten bei mittlerer Temperatur rühren, bis sich dieser von den Topfrändern löst.

Den Teig in einer Küchenmaschine kneten. Nach und nach die Eier dazugeben. (Der Teig kann auch mit der Hand in einer Schüssel geknetet werden.)

Den Teig in einen Spritzbeutel mit Sterntülle füllen. Das Pflanzenöl in einem Topf mit hohem Rand auf 170–180 °C erhitzen. Churros direkt in das Öl spritzen und abknipsen oder mit einer Schere abschneiden. Nicht mehr als drei Stück gleichzeitig frittieren.

Wenn die Churros auf allen Seiten Farbe angenommen haben, aus dem Öl nehmen, in Zimt und Zucker wälzen und sofort mit der Schokoladen-Karamell-Sauce servieren.

ECHOS TOD
ation

CHO

MEXICAN
COLATE PIE

Eine Schokoladentarte gefüllt mit weicher und würziger Schokoladencreme. Diese schmackhafte Tarte lässt sich sehr gut einen Tag vorher zubereiten. Einfach kurz vor dem Servieren Schlagsahne daraufgeben.

10–12 STÜCKE

BODEN

300 g Vollkornkekse (etwa 20 Stück)
40 g Zucker
3 g Zimt (1 TL)
3 g Salz (½ TL)
120 g Butter

FÜLLUNG

300 g dunkle Schokolade (55 %)
2 Vanilleschoten
350 ml Milch (3 %)
50 ml Espresso oder starker Kaffee
1 g Cayennepfeffer (oder nach Geschmack)
3 Zimtstangen
110 g Eier (2 Stück)
45 g Eigelb (3 Stück)
80 g brauner Zucker
25 g Maisstärke (3 EL)
3 g Salz (½ TL)
20 g Butter

TOPPING

300 g Schlagsahne
5 g Vanillezucker (½ EL)
30 g Puderzucker
50 g weiße und dunkle Schokolade, geraspelt, zum Bestreuen

Boden Den Backofen auf 180 °C Umluft vorheizen. Die Kekse mit den trockenen Zutaten in einer Küchenmaschine zerkleinern. Die Butter schmelzen und dazugeben.

Eine Tarteform (Ø etwa 23 cm) mit 4 cm hohem Rand mit der Mischung belegen, auch an den Rändern. Leicht mit den Fingerspitzen glatt streichen. Auf der mittleren Schiene des Backofens etwa 10 Minuten backen. Abkühlen lassen.

Füllung Die Schokolade hacken und in eine Schüssel geben. Die Vanilleschoten aufschneiden, das Mark herauskratzen und mit den Schoten und der Milch in einen Topf geben. Espresso, Cayennepfeffer und Zimtstangen dazugeben und aufkochen. Den Topf vom Herd nehmen, 20 Minuten stehen lassen und dann Vanilleschoten und Zimtstangen herausnehmen.

Eier, Eigelb, braunen Zucker, Maisstärke und Salz vermengen. Die Milchmischung nochmals aufkochen und in einem dünnen Strahl zur Eiermischung geben. Alles in den Topf zurückgießen und unter ständigem Rühren bei mittlerer Temperatur erwärmen, bis eine dickflüssige Creme entsteht.

Die Creme über die Schokolade gießen, Butter dazugeben und alles zu einer cremigen Füllung verrühren. Die Creme in die Form geben und 3 Stunden in den Kühlschrank stellen.

Topping Schlagsahne, Vanillezucker und Puderzucker steif schlagen. Die Sahne oben auf der Tarte verteilen und alles mit geraspelter Schokolade bestreuen.

HOME MADE

PALETAS

Paletas ist mexikanisches Eis am Stiel mit viel Geschmack. Es ist einfach herzustellen und leicht zu variieren. Perfekt im Sommer, wenn man sich nach etwas Erfrischendem sehnt.

LIME, STRAWBERRY AND GINGER

ETWA 6 EIS AM STIEL

50 ml Limettensaft (von etwa 2 Limetten)
350 g Erdbeeren (frische oder TK-Erdbeeren) + einige Erdbeeren, in dünne Scheiben geschnitten, zum Dekorieren
90 g Zucker
1 cm frischer Ingwer, gerieben

Limettensaft, Erdbeeren, Zucker, Ingwer und 100 ml Wasser aufkochen. Beiseitestellen und etwa 5 Minuten ziehen lassen. Die Mischung in einer Küchenmaschine mixen und in einen Krug abseihen.

Vier Erdbeerscheiben in jede Eisform legen, den Saft darübergießen und die Formen 1–2 Stunden in den Gefrierschrank stellen. Stiele hineinstecken und das Eis über Nacht oder mindestens 8 Stunden gefrieren lassen.

GRANNY SMITH AND FENNEL

ETWA 6 EIS AM STIEL

3–4 Äpfel (Granny Smith) + 1 Apfel, in dünne Scheiben geschnitten, zum Dekorieren
1 Fenchelknolle
Saft von 1 Zitrone
Saft von 1 Limette
45 g Zucker

Mithilfe eines Entsafters aus den Äpfeln und dem Fenchel Saft herstellen. 300 ml Saft mit Zitronen- und Limettensaft und Zucker in einen Topf geben. Erwärmen, bis der Zucker geschmolzen ist.

Eine oder zwei Apfelscheiben in jede Eisform legen. Saft daraufgießen. 1–2 Stunden in den Gefrierschrank stellen. Stiele hineinstecken und das Eis über Nacht oder mindestens 8 Stunden gefrieren lassen.

PINEAPPLE AND PASSION FRUIT

ETWA 6 EIS AM STIEL

300 ml frisch gepresster Ananassaft (von etwa 1 Ananas) oder fertig gekaufter Saft
45 g Zucker
3 Maracujas, ausgekratzt
Saft von 1 Limette

Ananassaft, Zucker, Maracuja-Fruchtfleisch, Limettensaft und 100 ml Wasser in einen Topf geben. Erwärmen, bis der Zucker geschmolzen ist, und dann in einen Krug abseihen.

Saft in die Eisformen gießen. 1–2 Stunden in den Gefrierschrank stellen. Stiele hineinstecken und das Eis über Nacht oder mindestens 8 Stunden gefrieren lassen.

ELDERBERRY AND RASPBERRY

ETWA 6 EIS AM STIEL

100 ml frisch gepresster Zitronensaft (von etwa 2 Zitronen)
120 g Zucker
100 ml konzentrierter Holunderblütensaft
frische Himbeeren zum Dekorieren

Zitronensaft, Zucker, Holunderblütensaft und 200 ml Wasser erhitzen, bis der Zucker geschmolzen ist. Einige Himbeeren in jede Eisform legen. Saft aufgießen. 1–2 Stunden in den Gefrierschrank stellen, Stiele hineinstecken und das Eis über Nacht oder mindestens 8 Stunden gefrieren lassen.

YOGHURT AND BLUEBERRY

ETWA 6 EIS AM STIEL

100 g aufgetaute TK-Blaubeeren
Saft von 1 Zitrone
45 g Zucker
350 g türkischer Joghurt
50 g flüssiger Honig (2 ½ EL)
100 ml Milch (3 %)

Blaubeeren, Zitronensaft, Zucker und 25 ml Wasser in einem Topf mischen. 5 Minuten köcheln lassen. Beiseitestellen und abkühlen lassen.

Joghurt, Honig und Milch mischen. Abwechselnd etwas von der Joghurt- und der Beerenmischung in die Eisformen geben. Stiele hineinstecken und das Eis über Nacht oder mindestens 8 Stunden gefrieren lassen.

CITRUS

ETWA 6 EIS AM STIEL

100 ml Grapefruitsaft (von 1 kleinen Grapefruit)
300 ml Orangensaft (von 3 Orangen)
Saft von 1 Zitrone
Saft von 2 Limetten
90 g Zucker

Alle Zutaten in einem Topf mischen und erhitzen, bis der Zucker geschmolzen ist. Saft in die Eisformen gießen. 1–2 Stunden in den Gefrierschrank stellen. Stiele hineinstecken und das Eis über Nacht oder mindestens 8 Stunden gefrieren lassen.

TRES LECHES CAKE

Eine traditionelle mexikanische Torte mit drei Sorten Milch. Das ist meine Variante dieser absolut leckeren Torte – Kokosmilch, gezuckerte Kondensmilch und Vollmilch in schöner Harmonie.

10–12 STÜCKE

TORTENBODEN
90 g Weizenmehl
120 g Kartoffelstärke
7 g Backpulver (1 ½ TL)
330 g Eier (6 Stück)
250 g Zucker
Abrieb von 1 unbehandelten Zitrone

AUSSERDEM
Butter zum Einfetten
Mehl zum Mehlieren

Tortenboden Den Backofen auf 200 °C Umluft vorheizen. Eine Springform (Ø 22 cm) mit Butter einfetten und mit Mehl bestauben, den Boden mit Backpapier auslegen.

Mehl, Kartoffelstärke und Backpulver in eine Schüssel sieben. Eier und Zucker erwärmen und verschlagen, bis die Mischung lauwarm ist und sich alle Zuckerkristalle aufgelöst haben. Die Mischung in eine Schüssel geben und mit einem Handmixer weiß und schaumig rühren.

Die Mehlmischung langsam hineinsieben und alles vorsichtig mit einem Teigschaber zu einem glatten Teig verarbeiten. Zitronenabrieb unterheben und den Teig in die Form geben.

Auf der mittleren Schiene 20–25 Minuten backen. Mittels Stäbchenprobe prüfen, ob der Kuchen durchgebacken ist. Form einige Minuten stehen lassen. Auf ein mit Backpapier belegtes Blech stürzen. Boden unter der Form erkalten lassen, mit einem dünnen Messer herauslösen und in drei Böden teilen.

KOKOSCREME MIT DULCE DE LECHE

90 g Eigelb (6 Stück)
130 g Zucker
40 g Maisstärke
1 Vanilleschote
200 ml Milch (3 %)
175 ml Kokosmilch
30 g Butter
100 ml Dulce de Leche
1 Schale frische Himbeeren für die Füllung

BUTTERCREME

150 g Eiweiß (4–5 Stück)
220 g Zucker
10 g Vanillezucker (1 EL)
1 Prise Salz
500 g zimmerwarme Butter
Kokosflocken zum Dekorieren

Kokoscreme Eigelb, Zucker und Maisstärke verrühren. Die Vanilleschote aufschneiden, das Mark herauskratzen und mit der Schote, Milch und Kokosmilch in einen Topf geben. Unter Rühren aufkochen lassen, dann die Schote herausnehmen.

Die Milchmischung gut mit den anderen Zutaten verrühren. Alles wieder in den Topf geben und bei mittlerer Temperatur unter ständigem Rühren erwärmen, bis die Masse eine dicke Creme ist. Die Creme in eine saubere Schüssel füllen und gut mit der Butter vermischen. Die Creme mit Frischhaltefolie abgedeckt im Kühlschrank abkühlen lassen. Dulce de Leche unterrühren.

Buttercreme Eiweiß, Zucker, Vanillezucker und Salz in einer Schüssel mischen, in ein Wasserbad stellen und mit dem Handmixer verrühren, bis sich alle Zuckerkristalle aufgelöst haben. Aus dem Wasserbad nehmen. Die Masse mit dem Handmixer schlagen, bis sie abgekühlt und fest ist.

Butter portionsweise hinzufügen und alles zu einer glatten Creme verrühren. Bei Zimmertemperatur stehen lassen.

Einen dünnen Ring aus Buttercreme auf den Rand des ersten Bodens spritzen. Himbeeren zerteilen. Kokoscreme in der Mitte verstreichen und die Hälfte der Himbeeren darauf verteilen. Den Vorgang mit dem nächsten Boden wiederholen. Den letzten Boden auflegen und die gesamte Torte gleichmäßig dünn mit Buttercreme bedecken.

Die Torte mindestens 30 Minuten in den Kühlschrank stellen. Den Vorgang einige Male wiederholen. Abschließend mit Kokosflocken bestreuen.

Register

Das Schreiben eines Buches ist ein langer und sehr interessanter Prozess. Es beginnt mit einem Gedanken, der zu einer deutlichen Idee heranwächst, die nach viel Arbeit zu einem gedruckten Buch wird, das man in den Händen halten kann.

Hinter diesem, meinem vierten Buch steht außer mir noch eine Reihe fantastischer Leute, mit deren Hilfe meine Gedanken zu einem Buch werden konnten. Diesen Leuten möchte ich recht herzlich danken:

Meinem Verleger Martin Ransgart und meiner Redakteurin Annika Ström vom Verlag Bonnier Fakta, mit denen ich wunderbar zusammengearbeitet habe.

Der besten Stylistin und Projektleiterin der Welt, Tove Nilsson. Ohne deine Planung in New York hätten wir nicht so viel geschafft. Du warst die Antreiberin, die wir in der Gruppe gebraucht haben.

The man behind the camera, Wolfgang Kleinschmidt, der die Bilder für alle meine Bücher gemacht hat. Es ist immer ein wunderbares Abenteuer und ein großes Vergnügen, mit dir zu arbeiten.

Ich hatte das große Glück, mit euch an diesem Buch arbeiten zu dürfen.

Produktmanagement: Doreen Brodowsky
Übersetzung aus dem Schwedischen: Vera Bahlk
Textredaktion: Doreen Köstler
Korrektur: Susanne Langer, M.A.
Satz: Silke Schüler
Umschlaggestaltung: Caroline Daphne Georgiadis, Daphne Design

Gesamtherstellung Verlagshaus GeraNova Bruckmann GmbH

Unser komplettes Programm finden Sie unter

www.christian-verlag.de

Die Deutsche Nationalbibliothek verzeichnet diese Publikation in der Deutschen Nationalbibliografie; detaillierte bibliografische Daten sind im Internet über http://dnb.d-nb.de abrufbar.

Die Originalausgabe mit dem Titel *Sweet Spots of New York* wurde erstmals 2016 im Verlag Bonnier Fakta, Stockholm, Schweden veröffentlicht.

ISBN 978-3-95961-014-8